INSTRUCTIONS

POUR LA RÉDACTION D'UN

CATALOGUE DE MANUSCRITS

et

POUR LA RÉDACTION D'UN

INVENTAIRE DES INCUNABLES

CONSERVÉS DANS LES BIBLIOTHÈQUES PUBLIQUES DE FRANCE

Par Léopold DELISLE

Membre de l'Institut
Administrateur général de la Bibliothèque nationale

PARIS
Librairie ancienne H. CHAMPION
5, Quai Malaquais, 5
—
TOUS DROITS RÉSERVÉS)

Librairie Ancienne, Honoré CHAMPION, Éditeur
5, Quai Malaquais, PARIS

Vient de paraître :

WERNER SÖDERHJELM
Professeur à l'Université de Helsingfors

LA NOUVELLE FRANÇAISE AU XVe SIÈCLE

Fort vol. in-8° de 240 pages . . . . **7 fr. 50**

TABLE DES MATIÈRES

PRÉFACE.	IX
CHAPITRE PREMIER.— Introduction. La Nouvelle française avant le xve siècle	1
CHAPITRE DEUXIÈME. — Les Quinze Joyes du Mariage.	29
CHAPITRE TROISIÈME. — Antoine de La Sale : ses œuvres authentiques.	73
CHAPITRE QUATRIÈME. — Les Cent Nouvelles nouvelles.	111
CHAPITRE CINQUIÈME. — Les Arrests d'Amour.	159
CHAPITRE SIXIÈME. — Jehan de Paris.	192
CHAPITRE SEPTIÈME. — Les Nouvelles de Sens. — Résumé	217

Forme le t. XII de la **Bibliothèque du XVe siècle**, dont suit la liste :

T. I. — **P. Champion.** GUILLAUME DE FLAVY . . . . **10 fr.**
T. II. — **Le même.** CRONIQUE MARTINIANE . . . . **6 fr.**
T. III. — **Le même.** LE MANUSCRIT AUTOGRAPHE DES POÉSIES DE CHARLES D'OR-
LÉANS. 18 fac-similés . . . . **10 fr.**
T. IV.— **H. Chatelain.** RECHERCHES SUR LE VERS FRANÇAIS AU XVe SIÈCLE. **10 fr.**
T. V. — **P. Champion.** CHARLES D'ORLÉANS, JOUEUR D'ÉCHECS. In-4°,
planches . . . . **3 fr.**
T. VI. — **E. Langlois.** NOUVELLES FRANÇAISES INÉDITES DU XVe SIÈCLE. **5 fr.**
T. VII. — **P. Champion.** LE PRISONNIER DESCONFORTÉ . . . . **5 fr.**
T. VIII. — **G. Doutrepont.** LA LITTÉRATURE FRANÇAISE A LA COUR DES DUCS
DE BOURGOGNE. . . . . **12 fr.**
T. IX. — **Ch. Petit-Dutaillis.** DOCUMENTS NOUVEAUX SUR LES MŒURS POPU-
LAIRES ET LE DROIT DE VENGEANCE DANS LES PAYS-BAS AU XVe SIÈCLE. **6 fr.**
T. X. — **Caillet.** RELATIONS DE LYON AVEC LA BRESSE ET LE MACONNAIS. **2 fr. 50**
T. XI. — **P. Champion.** LA LIBRAIRIE DE CHARLES D'ORLÉANS, avec album de
34 phototypies . . . . **20 fr.**
T. XII. **Soderhjelm.** LA NOUVELLE FRANÇAISE AU XVe SIÈCLE.
Chronique de Bonaccorso Pitti. ÉPISODES DE SÉJOUR D'UN ITALIEN EN FRANCE
A LA FIN DU XIVe SIÈCLE. Traduction par Marcel SCHWOB ; notes et préface
par Léon MIROT (*sous presse*). — **Gringore**, par Charles OULMONT (*sous presse*).
— **La Vie de Charles d'Orléans**, par P. CHAMPION (*sous presse*).

MÉLANGES OFFERTS A M. ÉMILE CHATELAIN
Membre de l'Institut, directeur-adjoint à l'École pratique des Hautes Études,
Conservateur de la Bibliothèque de l'Université de Paris
par ses élèves et ses amis
Fort volume in-4° de XVI-668 pages et 36 planches en phototypie
(*Presque épuisé*). . . . . **50 fr.**

Ces mélanges de bibliographie et de paléographie, offerts au savant auteur
de la *Paléographie des classiques latins*, tirés à **501** exemplaires numérotés, ont
recueilli **476** souscripteurs.

MÉLANGES DE PHILOLOGIE ROMANE
ET D'HISTOIRE LITTÉRAIRE
offerts à M. Maurice Wilmotte
à l'occasion du 28e anniversaire de son enseignement
1 tome en 2 volumes in-8° et planches (*presque épuisé*) . . . . . **20 fr.**

Librairie Ancienne Honoré CHAMPION, Éditeur
5, Quai Malaquais, PARIS

MEILLET (A.), *professeur au Collège de France*. **Les dialectes indo-européens.** 1909. In-8° . . . . **4 fr. 50**
SAINÉAN (Lazare). **L'Argot ancien** (1455-1850). Ses éléments constitutifs, ses rapports avec les langues secrètes de l'Europe méridionale et l'argot moderne. *Grand Prix Volney*. 1907. Beau volume petit in-8° . . . **5 fr.**
LEFRANC (Abel), *professeur de langue et littérature françaises modernes au Collège de France*. Les lettres et les idées depuis la Renaissance (tome premier). **Maurice de Guérin** d'après des documents inédits. 1910. Beau volume in-8° écu, orné d'un portrait gravé sur bois par Jacques Beltrand et de cinq gravures et fac-similés. 2ᵉ édition . . . . **5 fr.**
MISTRAL (Frédéric). **La Genesi.** Traducho en prouvençau — E mé lou latin de la vulgato vis-à-vis el ou francès en dessouto, pèr J.-J. BROUSSON. E, en tèsto, lou retra dou felibre. 1910. Beau volume in-8° carré, avec un portrait et un autographe. . . . . **5 fr.**
PLATTARD (Jean), *agrégé de l'Université, docteur ès lettres*. **L'Œuvre de Rabelais** (Sources, Invention et Composition). 1910. Grand in-8° de 400 pages . . . . **8 fr.**

Atlas linguistique de la France
par J. GILLIÉRON, *directeur-adjoint à l'Ecole pratique des Hautes Études*, et par E. EDMONT

Les 35 livraisons de 50 cartes chacune (complet) . . . **875 fr.**

L'œuvre gigantesque entreprise par MM. Gilliéron et Edmont est une réponse à l'appel lancé par Gaston Paris : « Il faudrait, disait-il, que chaque commune, d'un côté, chaque forme, chaque mot, de l'autre, eût sa monographie, purement descriptive, faite de première main, et traitée avec toute la rigueur d'observation qu'exigent les sciences naturelles... »

« Souhaitons que rien ne vienne entraver dans sa marche continue et rapide une publication qui, une fois achevée, rendra les plus grands services à la science, et qui trouvera bien difficilement sa pareille dans un autre pays. »
ADOLF TOBLER (*Deutsche Literaturzeitung*).

J. BÉDIER, *professeur au Collège de France*
Les Légendes Épiques
Recherches sur la formation des chansons de geste

I. — Le cycle de Guillaume d'Orange. In-8° . . . . **8 fr.**
II. — La légende de Girard de Roussillon. — La légende de la conquête de la Bretagne par le roi Charlemagne. — Les chansons de geste et les routes d'Italie. — Ogier de Danemark et Saint Faron de Meaux. — La légende de Raoul de Cambrai. In-8° . . . . **8 fr.**
Tome III *sous presse*

Paul MEYER, *de l'Institut*
DOCUMENTS LINGUISTIQUES DU MIDI DE LA FRANCE
1909. Fort vol. in-8° et cartes . . . . **25 fr.**

Antoine THOMAS, *de l'Institut*
ESSAIS DE PHILOLOGIE FRANÇAISE
In-8° . . . . **7 fr.**

Nouveaux Essais de Philologie française
In-8° . . . . **8 fr.**

INSTRUCTIONS

POUR LA

RÉDACTION D'UN CATALOGUE DE MANUSCRITS

ET POUR LA

RÉDACTION D'UN INVENTAIRE DES INCUNABLES

Conservés dans les Bibliothèques publiques de France

Principaux ouvrages de M. Léopold DELISLE

EN VENTE A LA MÊME LIBRAIRIE :

Inventaire général et méthodique des manuscrits français de la Bibliothèque Nationale. 2 vol. in-8°. 15 fr.
T. I. Théologie. — T. II. Jurisprudence.

Inventaire des manuscrits de la Bibliothèque Nationale. Fonds de Cluni. In-8°. 7 fr. 50

Notice sur un manuscrit mérovingien de la Bibliothèque d'Epinal communiquée à l'Académie des Inscriptions et Belles-Lettres, le 14 septembre 1877. Gr. in-4°, 3 pl. 3 fr.

Mélanges de paléographie et de bibliographie. 1880, in-8° et atlas in-fol. 15 fr.

Le premier registre de Philippe-Auguste. Reproduction héliotypique du manuscrit du Vatican, exécuté par A. Martelli. 1883, 1 vol. in-4° de texte et table, et album in-fol. de planches. 100 fr.

Le Cabinet des Manuscrits de la Bibliothèque Nationale. Etude sur la formation de ce dépôt, comprenant les éléments d'une histoire de la calligraphie, de la miniature, de la reliure et du commerce des livres à Paris. 3 vol. in-4° et album de 50 planches. (Epuisé). *Net.* 100 fr.

Etudes sur la condition de la classe agricole et l'état de l'agriculture en Normandie au Moyen Age. 1903, in-8°. 20 fr.

Recherches sur la librairie de Charles V, suivies de l'Inventaire des livres ayant appartenu aux rois Charles V et Charles VI et à Jean, duc de Berry. 1907, 2 vol. in-8° et album in-fol. de planches. 30 fr.

Rouleau Mortuaire *du B. Vital, abbé de Savigni.* Contenant 207 titres écrits en 1122-1123 dans différentes églises de France et d'Angleterre. Edition phototypique avec introduction. 1908, ix-47 pages de texte et 49 planches (207 documents). 1909, in-folio dans un carton, tiré à cent exemplaires. 40 fr.

Instructions élémentaires et techniques pour la mise et le maintien en ordre des livres d'une bibliothèque. 1910, 4ᵉ édition, revue. In-8°, 94 pages. 2 fr.

AVERTISSEMENT

En présence du succès de la nouvelle édition parue d'abord dans la Revue des Bibliothèques (octobre-décembre 1908), *puis en tirage à part, des* INSTRUCTIONS ÉLÉMENTAIRES ET TECHNIQUES POUR LA MISE ET LE MAINTIEN EN ORDRE DES LIVRES D'UNE BIBLIOTHÈQUE *de M. Léopold Delisle, j'eus l'idée de demander à ce grand savant la permission de réimprimer ses notes sur la rédaction d'un catalogue de manuscrits et d'incunables. Ainsi nous complétions une série destinée à rendre tant de services aux bibliothécaires débutants comme aux bibliographes avertis. Cette idée séduisit vivement M. L. Delisle, et, quelques jours avant sa mort, il nous écrivait avec une bienveillance qu'il nous accordait toujours :*

« MON CHER MONSIEUR CHAMPION,

« *Je suis bien aise de votre idée de réimprimer mes instructions, particulièrement celles pour la rédaction d'un catalogue de manuscrits, d'autant qu'elles sont pour ainsi dire inédites. Il en a été tiré une dizaine d'exemplaires en épreuves pour être données aux Membres du Comité des Travaux historiques. Le projet d'impression en a été abandonné parce que le ministère a jugé trop savantes ces instructions* (1). *Je vais partir pour Chantilly, venez me voir nous causerons de tout cela.* »

(1) L'érudit bibliographe, M. Paul Lacombe, n'a pas ignoré ce détail. Cf. n° 896 de la *Bibliographie des travaux de M. Léopold Delisle*, in-8°, 1902.

A la réception de cette lettre, je me rendis chez M. Delisle, mais ce fut, hélas! la dernière fois que je devais voir cet homme si bon, ce savant incomparable. Notre conversation a roulé presque tout entière sur les manuscrits, les incunables, Cluni, toutes choses qui lui tenaient au cœur. Je garde un souvenir ineffaçable de celui qui fut pour moi, pendant plus de trente ans, un protecteur charmant et un auteur fidèle. Aussi me permettra-t-on d'ajouter à cette note un regret personnel, c'est que M. Delisle n'ait pu revoir lui-même les épreuves de ce petit volume. Il nous a quitté avant qu'il ait paru, laissant à l'humble libraire qu'il honorait de son amitié la grande responsabilité de signer ce mot d'introduction. Si nous osions espérer que cette réédition lui aurait plu, nous aurions du même coup les suffrages des critiques plus difficiles.

H. C.

INSTRUCTIONS

POUR LA RÉDACTION D'UN

CATALOGUE DE MANUSCRITS

Dans un Catalogue de manuscrits il importe de réunir tous les renseignements nécessaires, soit pour assurer la conservation des volumes et pour aider à faire reconnaître les articles perdus, volés ou lacérés, soit pour guider les recherches des savants et appeler leur attention sur tous les textes qu'ils ont intérêt à étudier et à comparer.

Pour remplir ces conditions, sans dépasser les limites imposées par le cadre de la publication, il faut s'abstenir de discussions et de développements critiques ou historiques. C'est tout à fait exceptionnellement qu'on pourra donner quelques renseignements sur la vie des auteurs, sur les doctrines qu'ils ont soutenues, sur l'ensemble de leurs œuvres et sur les variantes des différents manuscrits.

Le rédacteur d'un catalogue ne doit jamais perdre de vue que le même traitement n'est pas indifféremment applicable à tous les manuscrits d'un dépôt. Quatre ou cinq lignes suffiront pour un volume moderne, dépourvu d'intérêt ou contenant un ouvrage parfaitement connu, tandis qu'il ne sera pas superflu de consacrer plusieurs pages à la description d'un volume ancien qui contient un grand nombre de morceaux différents, ou bien d'un recueil de lettres et de pièces originales.

En tête de chaque notice, à côté du numéro d'ordre de

la notice ou de la cote du manuscrit, il convient de placer un titre qui indique clairement le contenu du volume ou du moins le principal ouvrage qui y est copié. A défaut d'un titre fourni par le manuscrit lui-même, il faudra en rédiger un en français, sous une forme dont la brièveté n'excluera ni la clarté, ni l'exactitude.

Ce qu'il faut avant tout demander à une bonne notice de manuscrit, c'est l'indication précise de chacun des ouvrages, morceaux ou fragments contenus dans le volume. On relèvera donc, en les mettant entre guillemets, les rubriques initiales et finales, avec les premiers et derniers mots de chaque traité, toutes les fois que le manuscrit est important et que de telles précautions sont indispensables pour bien définir et caractériser la pièce dont il s'agit. Les noms des auteurs sont à copier tels que les manuscrits nous les offrent dans le texte primitif, abstraction faite des notes ajoutées à une époque moderne; il faut aller chercher ces noms d'auteurs non-seulement dans les rubriques, mais encore dans les prologues, les dédicaces, les gloses, etc. Pour les morceaux anonymes, il sera bon de recourir aux recueils bibliographiques, à l'aide desquels on peut souvent suppléer au silence des manuscrits. C'est ainsi que le volume publié par l'Académie de Vienne sous le titre de *Initia librorum patrum latinorum* (Vienne, 1865, in-8º) permet de reconnaître les auteurs d'une multitude de ces traités ecclésiastiques qui remplissent plus du quart des anciens manuscrits de nos bibliothèques.

Parfois le meilleur moyen de déterminer l'identité d'un traité ou d'une pièce consiste à renvoyer à une édition bien connue ou à un de ces répertoires diplomatiques qui doivent être dans toutes les bibliothèques.

Tous les titres suppléés par le rédacteur du Catalogue ou empruntés par lui à des notices ou à des annotations modernes seront soigneusement distingués des mentions qui appartiennent au texte original et primitif.

Il faut indiquer les préfaces, les prologues, les tables, les gloses, etc., qui accompagnent souvent le texte d'un ouvrage. — Quand il s'agit d'œuvres anciennes et précieuses, dont la disposition varie suivant les manuscrits, il n'est pas inutile de mentionner les différentes divisions de l'ouvrage.

Quand on décrira les livres liturgiques, on s'attachera à relever les particularités qui peuvent servir à déterminer l'origine du manuscrit, c'est-à-dire l'église pour laquelle le livre a été fait ou approprié. A cette fin, on examinera attentivement le calendrier, le canon de la Messe (quand il s'agit de sacramentaires ou de très-anciens missels), les litanies et les rubriques du propre des Saints.

Il ne sera pas toujours possible de mentionner une à une toutes les pièces originales dont certains volumes sont composés, mais il est à désirer que le nombre en soit exactement indiqué, de même que les noms des signataires et les dates extrêmes de la période à laquelle appartiennent les pièces du recueil.

Il est indispensable d'indiquer à quel feuillet ou à quelle page commence chacun des morceaux renfermés dans un volume. Par là les recherches sont singulièrement abrégées, surtout quand il s'agit de gros manuscrits dans lesquels sont copiés beaucoup de traités différents.

Pour décrire l'état matériel d'un volume, il faut noter la substance sur laquelle il est écrit, le nombre des pages ou des feuillets qu'il renferme, la division des pages en colonnes, les dimensions des feuillets et les mutilations qu'ils ont pu subir. — Quelquefois il est utile d'indiquer la composition et les signatures des cahiers. — Pour les manuscrits d'une haute antiquité, le nombre des lignes de la page ou de la colonne est à mentionner.

Les termes in-folio, in-quarto et in-octavo ne donnant qu'une idée fort vague de la taille des manuscrits, il y a tout avantage à ne pas les employer et à indiquer en millimètres la hauteur et la largeur des volumes, en tenant compte du corps même du manuscrit, et non pas des plats de bois ou de carton, dont les dimensions peuvent être modifiées par un changement de reliure.

Le caractère et l'âge de la transcription ne sauraient être marqués avec trop de précision. Aussi faut-il relever toutes les notes et toutes les particularités qui, en dehors des données paléographiques, peuvent donner quelque lumière sur la date des manuscrits.

Les peintures et les ornements doivent être signalés, au moins d'une façon sommaire.

Le savant qui consulte un manuscrit a souvent grand intérêt à en connaître l'histoire ; aussi le rédacteur du Catalogue doit-il déterminer, autant que possible, l'origine de chaque volume, et nommer les établissements ou les personnages qui l'ont possédé au moyen âge ou dans les temps modernes. Il doit aussi consigner les anciennes cotes sous lesquelles les manuscrits ont pu être cités, et le genre de reliure dont ils sont revêtus.

Quand un manuscrit a été l'objet d'un travail particulier, il convient d'y renvoyer, en citant exactement le titre du recueil dans lequel le travail a été publié.

Pour mieux comprendre l'application des observations qui viennent d'être présentées, on pourra étudier les cinquante notices que nous allons publier et qui se rapportent à des manuscrits de la nature de ceux qu'on rencontre le plus souvent et qui peuvent servir de types. Toutefois nous n'avons guère pris comme exemples que des manuscrits dont l'importance et la composition demandaient un certain développement.

On trouvera plus loin (p. 46-48), en appendice, une note pour la numérotation et le foliotage des manuscrits.

I.

Latin 14239. — Première partie d'une bible, comprenant les livres suivants :
Fol. 25 v°. La Genèse. — Fol. 45 v°. L'Exode. — Fol. 61. Le Lévitique. — Fol. 72 v°. Les Nombres. — Fol. 88 v°. Le Deutéronome. — Fol. 102. Josué. — Fol. 111. Les Juges. — Fol. 120. Ruth. — Fol. 124. Les Rois. — Fol. 176. Isaïe. — Fol. 195. Jérémie, dont le texte s'arrête aux mots : « unusquisque ad populum suum convertetur » (L, 16).

Au commencement du volume, sur des cahiers qui n'en faisaient pas primitivement partie, puisque le cahier I répond aux fol. 23-30, on trouve une table de comput, dont la première page manque, et qui, dans l'état actuel du Ms., va de l'année 38 à l'année 1595. Sur les marges et à la fin de cette table ont été écrites, vers le milieu du onzième siècle, les annales que Labbe (*Bibliotheca nova manuscriptorum*, I, 334 et 405) appelle « Chronicon Leodiense », et Pertz (*Scriptores*, IV, 9) « Annales Leodienses. » Ces annales, dont le fond est tiré des Annales de Lobbes, ont dû être rédigées à Liège, et continuées dans cette ville jusqu'en 1123, puis dans le monastère de Saint-Foillan au diocèse de Cambrai jusqu'en 1384 ; la dernière partie de la continuation est appelée par Pertz « Annales Fossenses ».

A la table de comput et aux annales succède (fol. 23 v°) une double liste de trente noms ; en regard de chaque nom sont les premiers mots d'un psaume. Chacune de ces listes, écrite dans la seconde moitié du onzième siècle, doit représenter la composition d'un chapitre (peut-être le chapitre de Liège) et indiquer le psaume que chaque dignitaire devait réciter dans une circonstance donnée. Sur la première liste figurent : « dumnus decanus Liebuinus, dumnus prepositus Hugo », et sur la seconde : « domnus prepositus Berengerus, dumnus decanus Wedricus ». La seconde liste se termine par un nom de femme : « Ermendrudis, Laudate Dominum quoniam bonus. »

Volume en parchemin. 214 feuillets, en comptant le fol. 1 qui manque depuis longtemps. 390 millimètres sur 330. Écriture sur deux colonnes, du onzième siècle.

De la bibliothèque de Saint-Victor depuis le dix-septième siècle au moins : A. a. 7 du second classement, 379 du troisième, et 214 du quatrième. — N° 151 du fonds de Saint-Victor.

Reliure en parchemin vert.

II.

Latin 11. — Bible, dans laquelle on remarque, au fol. 229, les canons des évangiles.

Volume en parchemin. 300 feuillets, y compris les gardes de la fin. 430 millimètres sur 300. Ecriture sur deux colonnes, du commencement du treizième siècle. Petites peintures dans beaucoup d'initiales.

N° 245 de Colbert. — N° 3607. A de l'inventaire de 1682.

Reliure en veau.

III.

Latin 13152. — Bible, précédée d'une table de textes bibliques, dont le commencement manque et qui se termine (fol. 3) par cette rubrique : « Explicit summa breviata contra Manicheos, Paterinos et hereticos et contra Passaginos et circumcisos et contra multos alios hereticos qui nituntur subvertere veritatem, quorum damnatio jam olim non cessat, et eorum perditio non dormitat, de qua dampnatione ille custodiat suos qui ad dexteram majestatis residet in excelsis supra IX ordines angelorum. Amen. » Vient ensuite (fol. 3 v°) un tableau des épîtres et des évangiles des dimanches de l'année.

A la suite de l'Apocalypse (fol. 393 v°) ont été ajoutés, au quatorzième siècle, des vers sur l'ordre des livres de la bible : « Ge. prior, exo. levi. numeri. deute... »

Fol. 394. « Incipiunt interpretationes. Aad, Testificans vel Testimonium. »

Fol. 426. Observations sur le caractère des livres saints : « Hic est liber mandatorum Dei et lex que est in eternum... » Addition du quatorzième siècle.

Sur les fol. 4 et 5 ont été consignés, au seizième siècle, des notes relatives au mariage de Christofle le Loup, chevalier, sʳ de Pierrebrune, etc., avec damoiselle Claude de Malain (4 janvier 1558, v. s.), et aux enfants issus de ce mariage.

Volume en parchemin. 426 feuillets. 173 millimètres sur 123. Écriture du treizième siècle, sur deux colonnes. Les fol. 1-3 et 394-424 sont écrits sur trois colonnes.

Au commencement : « Ex bibliotheca Mss. Coisliniana, olim Segueriana. » — N° 1474 du fonds latin de Saint-Germain.

Reliure en veau, du temps de Louis-Philippe.

IV.

Latin 10419. — Bible, terminée par cette souscription : « Completa Florentiæ, manu mei Franc. Stroczæ, anno Domini MCCLXIII. »

En tête (fol. 1-19), explication des noms hébraïques : « Aaz, Apprehendens vel Apprehensio. » Le commencement de la nomenclature se trouve au fol. 17 v°.

Volume en parchemin. 378 feuillets. 242 millimètres sur 165. Écriture de l'année 1263, sur deux colonnes. L'explication des noms hébraïques est sur trois colonnes.

Demi-reliure en maroquin rouge, du temps de Louis-Philippe.

N° 580 du supplément latin.

V.

Latin 371. — La Genèse et l'Exode, avec gloses marginales et interlinéaires.

La Genèse commence au fol. 1, et l'Exode au fol. 93.

Sur le fol. 180 v°, notes du treizième siècle, relatives à des sommes dues par « Raoll. li Perciminer », et par « Ramondus de Figiaco ».

Volume en parchemin. 180 feuillets. 420 millimètres sur 295. Écriture du treizième siècle. Initiales peintes aux fol. 1, 2 v° et 93.

N° 100 de Colbert. — N° 3649.8 de l'inventaire de 1682.
Reliure en bois recouvert de peau blanche.

VI.

Latin 16762. — Les livres des Rois, avec gloses marginales et interlinéaires.

Le premier livre commence au fol. 2 v°, le second au fol. 24, le troisième au fol. 43, et le quatrième au fol. 70 v°.

Volume en parchemin. 90 feuillets. 403 millimètres sur 286. Écriture du treizième siècle.

N° 8 du fonds des Grands Augustins.

Ancienne reliure en basane.

VII.

Français 899. — Ancienne version française de la Bible. On n'y trouve que les livres suivants de l'Ancien et du Nouveau Testament :

Fol. 1. La Genèse, incomplète du commencement. — Fol. 30 v°. L'Exode. — Fol. 52. Les Nombres. — Fol. 76. Le Deutéronome. — Fol. 97. Josué. — Fol. 111 v°. Les Juges. — Fol. 125. Ruth. — Fol. 128. Les Rois. — Fol. 197. Tobie. — Fol. 202 v°. Judith. — Fol. 210. Esther. — Fol. 217. Job. — Fol. 233. Le Psautier. — Fol. 271. Saint Matthieu. — Fol. 291. Saint Marc. — Fol. 307. Saint Luc. — Fol. 331. Saint Jean. — Fol. 349. Les Actes des Apôtres. — Fol. 368. Epître de saint Jacques. — Fol. 370. Epîtres de saint Pierre, dont la fin manque.

Sur ce texte, voyez Samuel Berger, *la Bible française au moyen âge* (Paris, 1884, in-8°), p. 111 et 340.

Volume en parchemin. 372 feuillets. 277 millimètres sur 208. Écriture à deux colonnes du treizième siècle. Il manque un cahier au commencement, un feuillet après le fol. 51, un feuillet après le fol. 127 et probablement plusieurs cahiers à la fin du volume. Les fol. 30, 76, 97, 111, 125, 145, 161, 180, 197, 202, 210, 217, 238, 245, 257, 261, 271, 291, 307 et 331 ont été mutilés. De petites miniatures subsistent sur les fol. 233, 242, 249 et 253 v°.

La signature de Jacques-Auguste de Thou est au bas de la première page. — N° 1626 des mss. de Colbert. — N° 7268.2.2 de l'inventaire de 1682.

Reliure en veau du dix-neuvième siècle.

VIII — XV.

Latins 532, 533, 537, 538, 88, 540, 581 et 577. — Leçons sur l'Ancien Testament, faites par François Vatable, au Collège royal, sous le règne de François Ier. Exemplaire incomplet et formé de volumes dépareillés, que Pierre Dupuy avait mis en ordre dans la bibliothèque du président de Thou.

Tome Ier (Ms. latin 532).

Leçons sur le livre de la Genèse. — Sur le feuillet de garde est le nom de « Matheus Galterus ».

Volume en papier. 147 feuillets, plus le feuillet préliminaire A. 195 millimètres sur 141. Écriture de l'année 1537 ou environ.

Sur le fol. 1, signature de J. A. de Thou. — N° 5024 de Colbert. — N° 4308.8 de l'inventaire de 1682.

Reliure de 1637 ou environ, en cuir estampé.

Tome II (Ms. latin 533).

Leçons sur l'Exode (fol. 2) et sur le Lévitique (fol. 54), avec le nom de « Matheus Galterus », sur le titre (fol. 1).

Volume en papier. 97 feuillets. 227 millimètres sur 170. Écriture de l'année 1537 ou environ.

Sur le fol. 1, signature de J. A. de Thou. — N° 5025 de Colbert. — V° 4308.9 de l'inventaire de 1682.

Couverture en parchemin.

Tome III (Ms. latin 537).

Leçons sur les Nombres (fol. 2) et sur le Deutéronome (fol. 82 v°), avec ce titre ajouté sur le fol. 1 : « Annotationes dictatæ in cotidianis prælectionibus a domino Vatablo, professore regio hebraicæ linguæ Parisiis, 1537. »

Sur le fol. 157 v° est le nom de « Matheus Galterus ».

Volume en papier. 157 feuillets. 175 millimètres sur 130. Écriture de 1537 ou environ.

Sur le fol. 1, signature de J. A. de Thou. — N° 5026 de Colbert. — N° 4308.10 de l'inventaire de 1682.

Demi-reliure en maroquin rouge de l'année 1856.

Tome IV (Ms. 538).

Leçons sur Josué (fol. 2), les Juges (fol. 42) et le premier livre des Rois (fol. 93). — Au commencement (fol. 1) se lit le nom de « Matheus Galterus. »

Papier. 154 feuillets. 190 millimètres sur 146. Écriture de l'année 1538 ou environ.

Au commencement, sur le plat intérieur de la couverture, signature de J. A. de Thou. — N° 5027 de Colbert. — N° 4308.11 de l'inventaire de 1682.

Ancienne reliure en basane.

Tome V (Ms. 88).

Explication des livres III et IV des Rois.

Fol. 1. « Versio tertii libri Regum, qui apud Ebræos primus est, ad veritatem ebraicam, interprete domino Francisco Vatablo, prælectore, cum scholiis ex ejusdem prælectionibus excerptis et adnotationibus aliorum interpretum. — Dominus Vatablus interprætari cœpit hunc librum 1538, die 21 octobris. »

Fol. 39. « Versio secundi libri Regum, qui est apud Latinos quartus, cum scholiis, ex domini Francisci Vatabli prælectionibus excerptis. — Interprætari cœpit hunc librum 1539, 3 calendas martii. »

Pierre Pithou, qui a peut-être copié ce volume, a mis ce titre sur la couverture : « Ex Francisci Vatabli prælectionibus in duos libros Regum priores, 1538, 1539. P. Pithou. »

Volume en papier. 68 feuillets. 263 millimètres sur 185. Écriture du seizième siècle.

Au bas du fol. 1, signature de J. A. de Thou. — N° 5029 de Colbert. — N° 4308.12 de l'inventaire de 1682.

Couverture en parchemin.

Tome VI (Ms. 540).

Leçons sur le second (fol. 2), le troisième (fol. 47) et le quatrième (fol. 102) livre des Rois, avec le nom de « Matheus Galterus », sur le fol. 1.

Volume en papier. 153 feuillets. 196 millimètres sur 140. Écriture de 1538 ou environ.

Sur le fol. 1. signature de J. A. de Thou. — N⁰ 5028 de Colbert. — N⁰ 4308.13 de l'inventaire de 1682.

Reliure en cuir noir gaufré, de l'année 1538 ou environ.

Tome VII (Ms. 581).

Leçons sur une partie des petits prophètes.

Fol. 1. « Interpretatio Hosee prophetæ, ex prælectionibus Vatabli, hebraicarum literarum professoris regii. — Vatablus cœpit prælegere prophetiam Hozee 12 calendas augusti 1544. »

Fol. 30. « Interpretatio Joelis prophetæ, ex prælectionibus Vatabli. — Cœpit prælegere Joelem pridie nonas novembris 1544. »

Fol. 45. « Interpretatio Amos prophetæ, ex prælectionibus Vatabli. — Vatablus cœpit hunc prophetam interpretari octavo kalendas decembris 1544. »

Fol. 73. « Expositio Abdiæ, ex prælectionibus Vatabli... Pridie idus januarii 1545. »

Fol. 79. « Expositio Jonæ, ex prælectionibus Vatabli. 14 kalendas februarii 1545. »

Fol. 89. « Expositio Micheæ, ex prælectionibus Vatabli. 3 nonas februarii 1545. »

Titre inscrit sur la couverture par Pierre Pithou : « Francisci Vatabli prælectiones in Prophetas minores. 1544 et 1545. P. Pithou. »

Volume en papier. 111 feuillets, plus les feuillets préliminaires A et B. 195 millimètres sur 148. Écriture des années 1544 et 1545.

Sur le fol. A, signature de J. A. de Thou. — N° 5030 de Colbert. — N° 4308.14 de l'inventaire de 1682.

Couverture en parchemin.

Tome VIII (Ms. 577).

Leçons sur la dernière partie d'Ézéchiel, chapitre xxxi-xlviii.
Titre inscrit sur la couverture par Pierre Pithou : « Francisci Vatabli prælectiones in reliquum Ezechielis a capite xxxi. P. Pithou. »
Volume en papier. 70 feuillets. 184 millimètres sur 130. Écriture du seizième siècle.
Sur le fol. 1, signature de J. A. de Thou. — N° 5031 de Colbert. — N° 4308.15 de l'inventaire de 1682.
Couverture en parchemin.

XVI.

Latin 11519. — Postilles de Nicolas de Lire sur les premiers livres de la Bible, depuis la Genèse jusqu'au livre de Job. En tête sont deux prologues, commençant, l'un par les mots : « Hec omnia liber vite », l'autre par les mots : « Vidi in dexteram. »
Volume en parchemin. 156 feuillets, non compris les feuillets de garde du commencement et les cahiers de parchemin blanc qui avaient été préparés pour recevoir la fin de l'ouvrage. 573 millimètres sur 392. Écriture sur deux colonnes, du quinzième siècle. Quelques initiales ont été enluminées ; les autres sont restées en blanc.
Au verso du feuillet de garde côté A, on lit le marché suivant : « Le XXVe jour de apvril mil CCCC LXXII fist marché Jehan Gourdon, escripvain, demourant à Xaintes, à noble homme René Chauderier, escuier, seigneur de Nyoil, en la manière qui s'ensuit : C'est assavoir que le dit Gourdon doit faire et noter le noir d'un antiphonier ou responser à l'usaige de Xaintes et rendre prest dedens de la Saint Jehan prouchaine qui vient en ung an, tout et en la fourme qu'il a fait au dit escuyer ung grallier, fors qu'il y aura en chacune paige dix ou onze lignes au choys du dit escuyer, lequel escuyer doit fournir de parchemin. Et pour ce faire doit paier la somme de quarante livres au dit Gourdon, et oultre par le dit marché doit le dit Gourdon toucher et rendre le dit livre relié bien et

deuement. Et fut ce present marché fait presens Pierres Crosson, Guillemin Bonfilz et aultres, et signé de la main du dit Gourdon les jour et an dessus dis : J. Gourdon. »

De la bibliothèque de Séguier. — N° 1 du fonds latin de Saint-Germain.

Demi-reliure en veau, du dix-huitième siècle.

XVII.

Latin 860. — Missel qui avait d'abord été fait, au quatorzième siècle, pour une église du nord de la France, et qui a été adapté à l'usage de Paris vers l'année 1406, époque à laquelle il fut donné à la grande confrérie de Notre-Dame de Paris.

Fol. 4. Calendrier. — Fol. 7. Propre du temps. — Fol. 163. Préfaces et canon de la messe. — Fol. 172 v°. Commun. — Fol. 185 v°. Propre des saints. — Fol. 243 v°. Messes diverses. — Fol. 256. Supplément au propre des saints. — Fol. 272. Recueil de proses.

L'origine première de ce missel est suffisamment indiquée par différents articles du calendrier et par les litanies du fol. 92, dans lesquelles on trouve les invocations suivantes : « Sancte Amande, sancte Vedaste, sancte Wandregisille, sancte Ansberte, sancte Vulfranne, sancte Machari, sancte Machute, sancte Winoce, sancte Bertine, sancte Audomare, sancte Bavo, sancte Willibrorde. »

Ce missel fut donné le 16 février 1406 (v. st.) à la grande confrérie de Notre-Dame par Jean Chanteprime, qui a attesté sa donation par trois notes inscrites aux fol. 3 v°, 167 et 304 v°. Voici la première de ces notes : « Jehan Chanteprime, escuier, seigneur d'Esvroles, de Saint Mard et de Chanvres, conseiller et maistre de la Chambre des comptes du Roy nostre seigneur, en l'onneur et reverence de Dieu et de sa très glorieuse mère et vierge, Nostre-Dame saincte Marie, a donné ce messel à la grant confrarie Nostre-Dame aux seigneurs, prestres, bourgeois et bourgeoises de Paris, affin que le dit Jehan soit participent et acompaigniez aux services, messes, prieres, aumosnes et biens fais en la dicte confrarie, et pour ce prie très devotement à chascun seigneur prestre de la dicte confrarie ou autre qui diront messe et celebreront en ce messel qu'il leur plaise prier et faire prieres à Dieu pour lui, sa femme et enffans, et son père et sa mère. Escript le XVIe jour de février mil CCCC et six. J. CHANTEPRIME. »

Volume en parchemin. 307 feuillets. 337 millimètres sur 230. Écriture sur deux colonnes, du quatorzième siècle, sauf les parties ajoutées au quinzième.

N° 3320 de Colbert. — N° 3876 6. 6 de l'Inventaire de 1682.

Demi-reliure en veau, au chiffre de Charles X.

XVIII.

Latin 835. — Missel de la confrérie de saint Lambert en l'église de Vaugirard.

Fol. 1. Calendrier, dont beaucoup d'articles sont propres à la liturgie parisienne, et notamment le suivant (fol. 4 vº) : « Prima dominica augusti fit festum duplum de susceptione sancte crucis in ecclesia Parisiensi. »

Fol. 9. Propre du temps. — L'ordinaire de la messe est aux fol. 108-116.

Fol. 189. Propre des saints.

Fol. 258. Commun et messes diverses.

Aux fol. 105 vº et 106, peintures dont les encadrements sont formés par des bandes tricolores.

Sur le fol. 302 : « Jehan Coullart, libraire relieur de livres, demourent sus le pont Nostre-Dame, confesse avoir vendu ce messel au maistres de la confrasie de l'église de Vaugirat, pour la confrasie de Saint Lanbet, et promest garentir envers tous et contre tous. Tesmoin mon saing manuel cy mis, le XXVIe jour d'octobre mil IIIIe LXXVIII. J. COULLART.

Volume en parchemin. 302 feuillets. 270 millimètres sur 186. Belle écriture de la seconde moitié du quatorzième siècle, sur deux colonnes.

Acheté pour la Bibliothèque en 1712. — N° 4211. 1 de l'Inventaire de 1682.

Reliure en maroquin rouge de l'année 1853.

XIX.

Latin 16305. — Partie de bréviaire, à l'usage du diocèse de Meaux.

Fol. 1. Propre du temps, depuis l'octave de la Pentecôte jusqu'à l'Avent exclusivement.

Fol. 45. Commun des saints de juin à décembre.

Fol. 150. Commun.

L'attribution de ce bréviaire à l'église de Meaux résulte de l'insertion des fêtes suivantes dans le propre des saints : « Sancti Agili (fol. 96 v°), de sancto Ebrigilo (fol. 96 v°), de sancto Fiacrio (fol. 96 v°), de sancto Evurcio episcopo (fol. 98 v°), Firmini episcopi [Ambianensis] (fol. 108), sancti Sanctini Meldensis episcopi et confessoris (fol. 118), sancte Celinie virginis (fol. 123 v°), apostolorum Simonis et Jude et sancti Faronis (fol. 124 v°), translatio sancti Gisleberti (fol. 126), de sancta Genovefa » [26 nov.] (fol. 146).

Volume en parchemin. 167 feuillets. 206 millimètres sur 144. Écriture du treizième siècle. Le commencement du volume manque.

N° 442 de la Sorbonne, à la fin du dix-huitième siècle. N° 1481 du fonds de Sorbonne.

Reliure en parchemin vert du dix-huitième siècle.

XX.

Latin 1304. — Bréviaire à l'usage de l'église du Puy.

Fol. 2. Calendrier, avec des observations sur la célébration des offices.

Fol. 19. Propre du temps, précédé de la rubrique : « Incipit breviarium secundum usum Anicii. »

Fol. 187. Psautier. — Fol. 277. Litanies des saints.

Fol. 279. Propre des saints. « Incipit sanctorale secundum usum Anicii. »

Fol. 448. Commun.

Volume en parchemin. 473 feuillets. 140 millimètres sur 100. Écriture sur deux colonnes, du quinzième siècle.

N° 2478 d'Antoine Faur. — N° 4623.8 de l'inventaire de 1682.

Demi-reliure en maroquin rouge, au chiffre de Louis-Philippe.

XXI.

Latin 1077. — Psautier et heures diverses, suivant l'usage de Liège.

Fol. 1 v°. Table de comput, dont les indications sont en rapport avec les syllabes tracées dans le calendrier, en regard des jours où Pâques peut tomber, syllabes dont la réunion forme les vers :

> Lambertum talem qui nobis ingerit artem
> Ad paradisiaci perducat lumina regni
> Magnus celorum factor.

Fol. 2. Calendrier, dans lequel on remarque ces articles : « vi idus februarii, Mengoldi martiris ; xiiii kal. maii, Ursmari episcopi ; iiii kal. maii, translatio sancti Lamberti ; iii idus maii, Servatii episcopi ; xvii kal. augusti, Gondulfi et Monulfi ; xvi kal. januarii, Begge vidue ».

Fol. 8 v° — 14 v°. Tableaux de la vie de Notre-Seigneur, sur fond d'or. En regard de chaque tableau est une pièce de vers français. La première commence ainsi : « O verge de droiture ki de Jessé eissi. » — Sur ces vers, voyez un rapport de M. Paul Meyer, dans la *Revue des sociétés savantes*, année 1873, cinquième série, t. VI, p. 236-249.

Fol. 15 v°. Psaumes. — Fol. 131. Cantiques. — Fol. 142. Litanies des saints.

Fol. 146. Heures de la sainte Vierge.

Fol. 183 v°. Office des morts.

Fol. 210. Offices de la Purification, de l'Annonciation (fol. 220 v°) et de l'Assomption (fol. 229).

Volume en parchemin. 241 feuillets, plus le feuillet préliminaire A. 188 millimètres sur 130. Écriture du treizième siècle. Peintures et ornements.

N° 946 de Mazarin. — N° 4453 de l'inventaire de 1682.

Demi-reliure en maroquin rouge, au chiffre de Louis-Philippe.

XXII.

Latin 1082. — Heures du roi Charles V.

Fol. 1. Calendrier, dans lequel sont marquées les fêtes propres à la chapelle du Roi et les anniversaires des rois depuis Philippe le Bel, et des reines depuis Jeanne de Bourgogne, femme de Philippe de Valois : « 2 janvier, obiit le roy Phelippe le Lonc, roy de France et de Navarre, filz du bel roy Phelippe l'an M CCC... ; 1 février, obiit Charle roy de France, filz du bel roy Phelippe, l'an M CCC... ; 9 avril, obiit le roi Jehan, roy de France, l'an M CCC LXIIII ; 5 juin, obiit Loys, roy de France et de Navarre, filz du bel roy Phelippe, l'an M CCC XVI ; 23 aoust, obiit le roi Phelippe de Valoyz, l'an M CCC L ; 11 septembre, obiit madame Bone, duchesse de Normandie ; 29 novembre, obiit le roy Phelippe le Bel, l'an M CCC XIII (sic), à Fontaine Bluant ; 12 décembre, obiit Jehenne de Bourgoigne, royne de France ; 16 décembre, obiit Charles de Valoys, père du roy Phelippe de Valois. » La plus récente de ces mentions est celle de la mort du roi Jean ; c'est la seule qui soit tracée en lettres d'or. Il n'est guère douteux que le livre n'ait été fait pour le fils et le successeur de Jean, c'est-à-dire pour Charles V.

Fol. 7. « Cy commence le psautier ferial selon l'usage de Paris et de la chapelle de l'ostel du roy de France. »

Fol. 91. Litanies des saints.

Fol. 96. « Les beneiçons pour tout l'an. »

Fol. 97. Heures de la sainte Vierge.

Fol. 102. « Cy commencent les heures de la Croys. »

Fol. 103. Heures du saint Esprit.

Fol. 103 v°. Office des morts.

Fol. 107. « Cy commence le commun des sains. »

Fol. 138. « Ce sont les memoires de toute l'anée que on fait en la chapelle du roy. »

Volume en parchemin. 141 feuillets. 220 millimètres sur 156. Écriture sur deux colonnes, probablement du commencement du règne de Charles V, vers l'année 1365. Aux fol. 7 v°, 19, 27 v°, 34, 40 v°, 50, 57, 78, 97 et 107, jolies petites miniatures, encadrées d'une bordure tricolore.

N° 840 de Baluze. — N° 4459.9 de l'inventaire de 1682.
Demi-reliure en maroquin rouge au chiffre de Louis-Philippe.

XXIII.

Latin 1352. — Livre d'heures exécuté en Italie et ayant appartenu à Jacques d'Armagnac, duc de Nemours.

Fol. 1. Calendrier italien, comme le prouve, entre autres, la mention suivante inscrite en rouge au 7 novembre : « Prosdocimi, episcopi et confessoris. »

Fol. 14. « Incipit officium beate Marie virginis secundum consuetudinem sancte Romane curie et secundum ordinem Fratrum Minorum. »

Fol. 67 v°. « Incipit officium in agenda mortuorum. »

Fol. 105. « Incipiunt psalmi penitentiales. »

Fol. 115. « Incipiunt letanie. »

Fol. 123 v°. « Incipit officium gloriose passionis Domini nostri Jhesu Christi. »

Fol. 147. Messes pour chacun des jours de la semaine.

Fol. 180. Lamentations de la sainte Vierge : « Cum captus esset filius meus, deductus est in Templum et ibi a Judeis flagellabatur... »

Fol. 203. Prières diverses, précédées d'une série de noms ou d'épithètes applicables à la sainte Vierge : « + Theotecon. + Theoteca. + Imperatrix. + Paciffica... »

Fol. 210 v°. « Prosa de passione Domini. Cenam cum discipulis, Christe, celebrasti... »

Fol. 213. « De die finalis judicii. Quoniam, ut ait quidam sapiens, qui de futuro nil cogitat... »

Fol. 215. « Ci après s'ensuivent les xv pseaulmes, qui par ceste maniere se disent selon l'usaige de court de Rome. » Article ajouté après coup.

Note inscrite sur le fol. 217 : « Ces heures sont au duc de Nemours, comte de la Marche : JAQUES. » Et sur le fol. 217 v° : « En ce livre a XLII histoires, feuilles IIe XVIII. »

Volume en parchemin. 217 feuillets. 170 millimètres sur 115. Écriture italienne du quatorzième siècle. Peintures sur fond d'or ayant quelque analogie avec des peintures byzantines.

N° 2180 de l'inventaire de Rigault. — N° 1466 de l'inventaire de Dupuy. — N° 4628 de l'inventaire de 1682.
Reliure en maroquin rouge de l'année 1853.

XXIV.

Latin 1186. — Livre d'heures, qui paraît avoir été écrit en Bourgogne ou pour des Bourguignons. Il était sans doute destiné à la dame qui est figurée dans l'initiale du fol. 41.

Fol. 1. Calendrier en français.

Fol. 13. Évangiles. — Fol. 20. Oraison : « Obsecro te. » — Fol. 25. Antiennes, versets et oraisons en l'honneur de divers saints. Fol. 41. Office de la sainte Vierge.

Fol. 102. Psaumes de la pénitence.

Fol. 115 v°. Litanies des saints, dans lesquelles on remarque ces invocations : « Sancte Benigne... Sancte Sequane. »

Fol. 122. Heures de la Croix. — Fol. 128. Heures du saint Esprit.

Fol. 134 v°. Office des morts.

Fol. 163 v°. Prières en l'honneur de saint Bernardin, ajoutées après coup.

Volume en parchemin. 167 feuillets. 170 millimètres sur 125. Écriture du quinzième siècle. Peintures.

Du cabinet de Béthune. — N° 4476 de l'inventaire de 1682.

Reliure en maroquin rouge du dix-septième siècle.

XXV.

Latin 8901. — Fragments d'un ancien recueil des canons des conciles.

Fol. 1. Fin des canons du concile de Gangres, à partir de ces mots : « cetur episcopus et de universis quae paenes eos depraehensa atque detecta prodiderit quid horum susciperit observandum. » — Fol. 2 v°. « ... et sanctarum scripturarum praeceptis in ecclesia fieri exoptamus. Explicit concilium Grangense. »

Fol. 2 v°. « LVI. Item synodum Anthiocenum, in quo fuerunt

episcopi numero XXIII cum capitulis suis ita. » La table se compose de 22 articles. — Fol. 3. « Incipit concilium Anthiocenum. Sancta et pacatissima synodus in unum congregata his qui per singulas provincias sunt unanimibus sanctis et sacerdotibus in Domino salutem. Gratia et veritas Jhesu Christi Domini et Salvatoris nostri... » — Fol. 7 v°. « Explicit concilium Anthiocenum. Amen. »

Fol. 7 v°. « LVII. Incipiunt capitulationes synodi secundum Laudociam Frigiae Pagatiae. » Il y a 48 articles à cette table. — Fol. 8 v°. « Expliciunt capitulationes canonum Laudocensium. Incipiunt regulae sive definitiones secundum Laudociam Frigiae. Sancta synodus secundum Laudociam Frigiae Pagatiae convocata ex diversis provinciae suae regulas exposuit ecclesiasticas... » Le texte s'arrête à ces mots : « XIII. De eo quod semper easdem supplicationes. »

Volume en parchemin. 9 feuillets. 370 millimètres par 245. Écriture onciale à longues lignes ; 33 lignes à la page. Probablement du septième ou du huitième siècle. Au bas du fol. 8 v°, dans l'angle droit, se lit la signature QN. XXI.

Acquis en 1861.

Demi-reliure en parchemin.

XXVI.

Latin 1619. — Œuvres de saint Denys, avec les commentaires de Maxime, de Jean Scot, de Hugues de Saint-Victor, de Jean Sarrasin. Le recueil comprend :

Col. 1. « Prefatio Anastasii. »

Col. 4. « Versus Johannis Scoti. Hanc libam... »

Col. 4. Préface de Jean Scot : « Valde quidem... »

Col. 8. Vers en l'honneur de saint Denis : « Lumine sydereo... »

Col. 8. « Brevis et valde necessaria declaratio dispositionis tocius operis subsequentis et que legentibus utilitas. »

Col. 11. « Explanatio magistri Hugonis de Sancto Victore super primam id est angelicam ierarchiam magni ariopagite Dyonisii. »

Col. 22. « Explanatio Johannis Sarraceni super primam ierarchiam magni Dyonisii. »

Col. 24. « Celestis ierarchia. »
Col. 656. « Ecclesiastica ierarchia. »
Col. 747. « De divinis nominibus. »
Col. 987. « De mystica theologia. »
Col. 1013. « Epistole diverse. » — La collection de lettres se termine par une lettre (col. 1069) : « Apollophanio concreto et comphilosopho a cultu solis jam converso ad fidem Christi. »

Col. 1073. « Tabula supra libris Dyonisii. » Table alphabétique, très-développée, qui a été dressée pour le présent exemplaire des œuvres de saint Denys.

Volume en parchemin. 333 feuillets formant 1332 colonnes. 240 millimètres sur 170. Belle écriture du treizième siècle. La table a été ajoutée au quatorzième siècle, et c'est à cette époque que les 1072 premières colonnes du manuscrit ont reçu leurs cotes.

Rapporté d'Italie par Mabillon. — N° 3956. 3 de l'inventaire de 1682.

Reliure en veau du dix-huitième siècle.

XXVII.

Latin 3932. — Les quatre premières compilations des Décrétales.

Fol. 1. Première compilation. « Juste judicate filii hominum, et nolite judicare secundum faciem... — ... non enim potest esse pastoris excusatio si lupus oves comedit et pastor nescit. Ave. »

Fol. 70. Deuxième compilation. « Incipit liber primus de constitutionibus. Clemens III Anconitano episcopo. Pars t. sig. Preterea de lege illa vel errore quem cives tuos asseris statuisse... — ... ut ipsius hospitalis prefati fratres abbati ejusque successoribus obediant in perpetuum tamquam prelatis suis et dominis sicut archiepiscopus ipse precepit. »

Fol. 103. Troisième compilation. « Innocentius, episcopus, servus servorum Dei, universis magistris et scolaribus Bononie commorantibus, salutem et apostolicam benedictionem. Devotioni vestre insinuatione presentium innotescat decretales epistolas a dilecto filio magistro P. subdiacono et notario nostro compilatas fideliter... — ... Ut ydonee persone inveniantur in illo que possint in abbates assumi. »

Fol. 203. Quatrième compilation. « Ex Lateranensi concilio II, constitutione prima. De fide catholica. Innocencius. Credimus et simpliciter confitemur quod unus solus est verus Deus eternus... — ... ut commissa defleat, et flenda ulterius non committat. »

A la suite de la quatrième compilation, sur le fol. 236 v°, le copiste a transcrit quatre décrétales : « Idem Ymolensi episcopo. Dilectus filius abbas Sancti S. Bononiensis per suas nobis litteras intimavit... — Idem episcopo Verrastinensi. Postulasti per se. ap. edoceri... — Idem deca. ex concilio Lateranensi II, constitutione II. Nonnulli gratia sedis... — Idem Coram dil. fil. n. tit. sancte Prudentiane (sic) presbitero cardinali... »

Le texte des quatre compilations est accompagné de nombreuses notes marginales.

Volume en parchemin. 236 feuillets. 360 millimètres sur 230. Écriture à deux colonnes, du treizième siècle.

N° 1205 de Colbert. — N° 3890.7 de l'inventaire de 1682.

Demi-reliure en veau au chiffre de Charles X.

XXVIII.

Latin 4703. Traité sur les actions, par Jean de Blanot (et non pas de Blanosque ou Blanasque, comme l'écrivent la plupart des bibliographes).

« Incipit libellus compositus per Johannem de Blanasco, Burgundionem, Masticonensis diocesis, super titulo Institutarum de actionibus, ad preces virorum venerabilium et discretorum magistri Johannis de Alta Curia, cancellarii Herifordie, et domini W. de Conflens, archidiaconi ejusdem ecclesie ; et procedit ordo istius libelli secundum ordinem paragraphorum Institutarum de actionibus et secundum eum ordinem quo nominate sunt ibi actiones invenies in presenti summa libellum cujusque actionis de qua fit mencio in predicto titulo. Incipit hic qui est talis, ut potest per subsequencia apparere, et ideo dicitur. Rubrica. Ego Johannes de Blanasco, Masticonensis dyocesis, Burgundio, quadam die ad cameram imperialem accessi, ibique Justinianum, Romanum principem, dioturno studio... » Les derniers feuillets de cet exemplaire n'existent plus ; le texte s'arrête aux mots : « ... veniunt semper fructus et per eandem peticionem petuntur fructus et res », lesquels font partie du chapitre « De petitione hereditatis. » Le traité est complet dans nos Mss. 4106 et 15411.

Volume en parchemin. 63 feuillets. 226 millimètres sur 160. Écriture sur deux colonnes du commencement du quatorzième siècle.

N° 3862 de Colbert. — N° 6250.3 de l'inventaire de 1682.

Ancienne couverture en parchemin.

XXIX.

Latin 6048 B. — Histoire de Mathieu Paris, et autres chroniques.

Fol. 1. « Cronica a principio mundi sub compendio compilata. In principio creavit Deus... — ... Eneas cum 24 navibus in Ytaliam cum Latino rege. » La suite n'a pas été copiée.

Fol. 3. « Incipit quedam narracio de quadam visione sancti Thome Cantuariensis. Quando ego Thomas, Cantuariensis archiepiscopus, exiens ab Anglia, fugiebam ad Franciam, veni ad papam... — ...et dolor habundabit super miseram Egiptum. »

Fol. 3 v°. « De quodam fratre de ordine Minorum qui se asserebant (sic) dicere mirabilia. Erat quidam de ordine Minorum qui se asserebat dicere mirabilia... — ...et in posterum humiliet viles habitatores. »

Fol. 4. « Descriptio regni Anglie sub compendio compilata. Anglia que quondam a Bruto Britannia vocabatur... — ...cuidam Radulpho de Mounthermer conjugio copulatur, Margaretam que postea desponsata fuit duci. » La suite manque, et le traité s'arrête au milieu du règne d'Édouard Ier.

Fol. 10. « Hic incipit libellus de emendacione vite sive de regula vivendi, et distinguitur in duodecim capitula, primo de conversione, secundo de contemptu mundi, tercio de paupertate... Ne tardes converti ad Dominum et ne differas de die in diem... — ...melodia ipsum eternaliter laudare, cui sit honor et gloria et gratiarum actio in secula seculorum amen. Explicit libellus de regula vivendi. »

Fol. 20 v°. Tableau du purgatoire. « Hac qui transitis subscripta videre velitis, visaque narretis... — ...Et noveris pro certo, beato Bernardo attestante, cujus hec verba sunt, quod nulla poterit esse repulsa, ubi tot conveniunt caritatis insignia. Hec Bernardus. »

Tout ce qui précède paraît avoir été copié d'après un Ms. de l'abbaye de Saint-Alban, qui forme au Musée britannique le n° 13. E. IX du fonds royal.

Fol. 24. Histoire d'Angleterre, par Mathieu Paris, depuis 1067 jusqu'en 1208. « Incipit prologus in historiam Anglorum post conquisicionem Anglie a Normannorum duce Wilelmo. De cronographia id est temporum descriptione locuturi... — ...satius arbitrantes seviciam commoti regis ad tempus declinare quam in terra interdicta sine fructu residere. » — C'est un texte arrangé par un moine de Saint-Alban, qui a suivi tantôt la petite histoire de Mathieu Paris, telle qu'elle est dans le Ms. 14. C. VII du fonds royal, au Musée britannique, tantôt la Grande Chronique, telle qu'elle est dans le Ms. Cottonien Nero. D. V.

Au bas du fol. 24, l'archevêque Parker a tracé cette note : « Manus ejusdem qui scripsit chronicon Thomæ Walsingham ». La copie de Thomas Walsingham à laquelle Parker fait allusion est celle qui est conservée à Cambridge, au Corpus Christi College, sous le n° CXCV.

Au haut du fol. 144 v°, une main du seizième siècle a mis ce titre : « Historia Radulphi Nigri », en tête de la portion de la chronique de Mathieu Paris relative au règne de Jean Sans Terre.

Volume en papier. 156 feuillets. 295 millimètres sur 225. Écriture anglaise de la première moitié du quinzième siècle.

Ce volume, que sir Frédéric Madden a décrit dans la préface du tome Ier de son édition de l'*Historia minor*, de Mathieu Paris, a jadis appartenu à Guillaume Cecill, baron de Burleigh. — N° 3121 de Colbert. — N° 5904.5 de l'inventaire de 1682.

Demi-reliure en veau du temps de Louis-Philippe.

XXX.

Latin 5689 C. — Chronique générale, composée vers 1340 et comprenant les cinq divisions suivantes :

1° Histoire des quatre grands empires, savoir celui des Assyriens, celui des Mèdes et des Perses, celui des Macédoniens ou des Grecs, celui des Romains. En tête, petit chapitre intitulé : « De IIII^{er} majoribus principatibus temporalibus », et commençant par ces mots : « Premittendum igitur quatuor fuisse imperia... »

L'histoire de l'empire des Assyriens et de l'empire des Mèdes et des Perses commence au fol. 1 par ces mots : « De primo regno Assyriorum ; de initio autem hujus regni Assiriorum videtur ab aliquibus dubitari... » Elle se termine ainsi au fol. 6 : « Ad cujus tempora sequentes ystorie reservantur. Explicit liber primus continens duo imperia, scilicet Assyriorum et Persarum et Medorum, que reputantur pro uno juxta propheticum seu vaticinium Danielis. »

L'histoire de l'empire des Grecs est intitulée : « Sequitur secundus liber de imperio seu principatu Grecorum » (fol. 6), et commence par ces mots (fol. 6 v°) : « Ante tempora Alexandri per quem fuit imperium Grecorum exaltatum... » — Fin (fol. 24) : « sicque Syriam Romanis subjectam. »

Commencement de l'histoire de l'empire des Romains (fol. 24) : « De inicio Francorum et regni Latinorum. Cum Francorum, per descendentes ab Hectore filio regis Troie, et Latinorum, per Eneam qui fuit de proditoribus, post Troje excidium, regna fuerunt acquisita, premitendum disposui aliquid et tangere de Troje inicio et ejus ruyna. » Cette division s'arrête au milieu des démêlés de Louis de Bavière avec le Pape (fol. 77 v°) : « ipse tamen in Alemania pro imperatore se gessit et pro imperatore a multis habitus est, nec principes ad quos spectat imperatoris electio alium eligere voluerunt. »

2° Fol. 77 v°. Abrégé de l'histoire de la guerre des Juifs par Josèphe. Commencement : « Josephus de bello judaico, et primo de electione ducum et bellorum dispositione. Cum potentes Judeorum inter se discederent... » — Fin (fol. 105 v°) : « de veritate autem confidenter dicere non pigebit, quod ea sola per omnia que scripsi habuerint conjecturam. Explicit liber Josephi de bello judaico. »

3° Fol. 106. Histoire de la Terre Sainte jusqu'en 1290. Commencement : « De variis casibus Terre Sancte postquam desolata, ut predictum est, per Romanos fuerat. Adrianus cognomento Elius imperator civitatem Jerusalem... » — Fin (fol. 113) : « Unde provocatus soldanus civitatem obsedit et violenter captam evertit et christianitatem de illis partibus extirpavit. »

4° Fol. 113. Histoire du royaume des Français. Commencement : « De principio regni Francorum. Francorum principatus inicium a Trojanis habuisse et originem scribunt ystoriographi... » Ce chapitre préliminaire se termine (fol. 114) par une phrase qui montre que l'auteur écrivait en 1340 : « Cujus Hugonis progenies XVII continuata regibus, usque in hodiernum diem currente anno Domini M° CCC XL perseverat. » Le dernier fait mentionné dans cet histoire est la soumission du Roi de Majorque à Philippe de Valois, soumission que les auteurs de l'*Art de vérifier les dates* placent en 1842 : « Post modum autem Majolicarum predictus Parisius veniens, et voluntati regis Francie se submittens, demum quasi circa finem anni restitutus est » (fol. 144). — Des fragments de cette histoire ont été insérés dans le *Recueil des historiens*, XXII, 16-21.

5° Fol. 144. Histoire de l'Espagne. Commencement : « Yspanorum ystorias Rodericus archiepiscopus Telletanus (sic) scripsisse dicitur... » — Fin : « Habuit (Jacobus, rex Aragon.) eciam alios filios illegiptimos, ex quibus tenere diligebat Ferandum, unde Petrus indignacione accensus eundem Ferrandum in Ybernium fluvium suffocavit. »

Volume en papier. 136 feuillets. 280 millimètres sur 213. Écriture du quinzième siècle.

Au fol. 136, signature d'un ancien propriétaire du volume : « Tueleu. » — Sur un feuillet de garde, au commencement : « Ex libris Jacobi Doulcet Parrisini. » — N° 256 de Baluze. — N° 5222.5 de l'inventaire de 1682.

Demi-reliure en maroquin rouge du temps de Louis-Philippe.

XXXI.

Latin 5104. — Histoire scolastique, par Pierre le Mangeur. Exemplaire incomplet au commencement et à la fin. Premiers mots subsistants : « Imperatorie majestatis est in palatio III habere mansiones. » Derniers mots : « Encenia vocantur festum dedicationis. »

Volume en parchemin. 222 feuillets, y compris des feuillets de papier blanc, qui tiennent la place de feuillets perdus. 280 millimètres sur 202. Écriture sur deux colonnes, du commencement du treizième siècle.

N° 8 de Bigot. N° 4203. 2 de l'inventaire de 1682.

Reliure en veau fauve, aux armes de Bigot.

XXXII.

Latin 12598. — Recueil de vies de saints.

Fol. 1. Dernière partie de la vie de saint Martin, finissant par ces mots : « ...Non quicumque legerit sed quicumque crediderit. Amen. Amen. Explicit vita sancti Martini episcopi et confessoris. »

Fol. 16. « Incipit epistola Severi Sulpicii ad socram suam Basulam, qualiter sanctus Martinus de hoc mundo recesserit. Sulpicius Severus Basulæ parenti venerabili, salutem. Si parentes vocari... »

Fol. 19 et 20. « Incipit epistola de transito sancti Martini episcopi et confessoris. Arcadio viro et Honorio sanctus Martinus, Turonorum episcopus, plenus virtutibus et sanctitate... »

Fol. 21. « Item versicolus de transitu sancti Martini. Beatus autem Severiuus, Colosensis episcopus, vir honestate et per cuncta laudabilis... »

Fol. 21 v°. « Item alius sancti Ambrosii de transitu sancti Martini. Eo namque tempore beatus Ambrosius cujus hodiæ flores eloquii... — ...possimus historiam explicare. Finit versiculus sancti Ambrosii de transitu sancti Martini episcopi et confessoris. »

Fol. 22 v°. Commencement de la vie de saint Brice. « Igitur post excessum beati Martini, Turonicae civitatis episcopi, summi et inconparabili (sic) viri, de cujus virtutibus magna apud nos volumina retinent... » La transcription de cette vie n'a pas été achevée.

Fol. 23. « Incipit vita sancti ac beatissimi Remedii. Beatissimi Remedii antistitis depositio sancta nobis hodiæ diem misticæ sollemnitatis festam exhibuit quæ annis singulis dum in se cursus temporum volvitur... »

Fol. 25 v°. « Incipit vita sancti ac beatissimi Medardi episcopi, vi idus junii. Beatissimi Medardi antestitis vita, quæ per universum orbem virtutum meretis propalatur... »

Fol. 28 v°. « Incipit vita sancti ac beatisimi (sic) Vedasti episcopi et confessoris. Dum sanctorum presolum jure ac sollerti indagatione vel mitando exemplum... »

Fol. 32 v°. « In Christo (sic) nomine, incipit passio sanctorum ac beatissimorum Fusciani et Victurici martyrum. Eodem igitur tempore quo Maximianus truculentissimus Augustus arva Galliæ præsidebat... » — Fol. 35 v°. « Incipit inventio ipsorum corporum, quinto kalendas julias. Factum est ergo procul multum post tempore tandem ut supernus voluit rector corpora sanctorum... »

Fol. 37 v°. « Incipit passio sancti ac beatissimi Justi martyris. Tempore illo cum Deus omnipotens sanctorum numerum multiplicari permitteret, igitur Justus cum esset novem annorum et Justinianus abunculus ejus... » Publié par les Bollandistes, octobre, VIII, 338.

Fol. 40 v°. « Incipit passio sancti Luciani martyris. Tempore illo sub Nerone imperatore, cum sevissima persecutio adversus christianos invaluisset... »

Fol. 42 v°. « Passio sanctorum Crispini et Crispianiani martyrum, qui passi sunt in urbe Suessionica. Cum sub Maximiano et Dioclitiano qui simul in imperio... »

Fol. 46. « Incipit passio sancti Matthei apostoli, xviii kalendas decembris. Mattheus discipulus Domini et fidelis in Christo apostolus... » La fin manque.

Fol. 47. « Incipit vita sancti ac beatissemi Servacii episcopi et confessoris. Multi enim hereses eo tempore quasdam eclesias Dei impugnabant plerumque ulcio divina... » — Fol. 49 v°.

« Hymnus de sancto Servacio. Sublimens clarens munera per sapiencia dispensate Galies et Eorupa sanctorum multa corpora Servatius ex Tungeris... »

Fol. 50. « In Christi nomine, incipit vita vel obitus sancti Landiberti pontificis, qui interfectus est xv kalendas octubris Leodio, ubi et ipse domnus preciosus in corpore requiescit. Si Paganorum figmenta seva et nefanda prolixa... »

Fol. 62. « Passio beatæ Ceciliæ virginis. Humanas laudes et mortalium infulas videmus aut ere inciso conscriptas aut auro radiantibus litteris... »

Fol. 78. « Incipit passio sanctae Eufemiae. Martyrium sanctae Enfimiae quæ martyrizata est sub Dioclitiano imperatore, proconsule vero Prisco, in Eoruppa erat congregatio cristianorum... »

Fol. 86 v°. « Passio beate martyris Agne virginis. Servus Christi Ambrosius virginibus sacris diem festum sacrissimae virginis caelebramus... »

Fol. 93 v°. « Incipit passio sanctæ ac' beatissimæ Agathe martyris, quæ passa est in provintia Siciliae in urbe Catenensium sub Decio imperatore, die nonarum febroariarum, recitamus istoriam. Quintianus consularis Sicilie audiens sanctam opinionem... »

Fol. 99 v°. « Incipit passio sancte Luciæ virginis et martyris. Cum per universam provintiam beatæ virginis Agathe fama crebresceret et Seracusanus populus... »

Fol. 103 v°. « Incipit passio sanctæ Columbæ virginis et martyris. In diebus illis adveniens Aurilianus imperator a partibus superioribus... »

Fol. 105 v°. « Incipit vita sancti ac beatissimi Germani. Igitur Germanus Autessioderensis opido indegena fuit, parentibus splendedissimis... »

Fol. 107. « Incipit passio sanctæ Julianæ virginis. Tempore illo quidam senator nomine Eleusius amicus Maximiani imperatoris... »

Une main du douzième siècle a ajouté les petites pièces suivantes sur le fol. 61 r° et v°, savoir :

a) « Hymmus de sanctissimo Nicholao. Confessor Christi lucide, laude digne, Nicholae, fer opem supplicantibus... »

b) « Carmen ad draumculum tribus vicibus repetendum et

dicendum sic usque in finem. + In nomine Patris + et Filii + et Spiritu sancti + et in nomine Domini Jhesu Christi Nazareni crucifixi... » Parmi les invocations de cette formule, on remarque celle de « Sancti Nivardi pontificis ».

c) « Carmen super occulum male habentem vel super occulos. In nomine Patris et Filii et Spiritus Sancti. Amen. Interea Nichea et Aquilina et sanctus Nazarius et sanctus Tranquillinus et sancta Tecla sedebant super mare... »

d) « Ad sanguinem restringendum. Dissibas... »

e) « Ymnus gloriose virginis Marie incipit. O gloriosa genitrix Christi, virgo prænobilis, tuis adesto meritis clamantibus te famulis... »

f) « Quidam scriba ait : O vita mundi, que tot decepisti, que tot seduxisti, que tot excecasti, que dum venis nichil es... »

g) « Collatio ad beatos confessores. Deus qui beatos confessores tuos Adalardum, Precordium, Ratbertum, Anscharium, Simdulphum, Egidium, Leonardum... »

h) « Quidam sanctus ait : Animam nostram commendavit nobis Deus. Servemus depositum... »

i) « Collatio de passione Domini. Fac nos hunigeniti tui creator omnium... »

Les cahiers dont ce volume est composé paraissent avoir primitivement appartenu à trois manuscrits différents, tous trois du huitième siècle, savoir :

1° Six cahiers répondant aux fol. 1-46 et portant les signatures IIII, V, [VI], VII, VIII, VIIII ; les cahiers signés I, II et III manquent ; ils contenaient le commencement de la vie de saint Martin, et peut-être un autre morceau.

2° Deux cahiers répondant aux fol. 47-61, sans signature ;

3° Six cahiers répondant aux fol. 62-109, et portant les signatures I, [II], III, IIII, V et VI.

Volume en parchemin. 109 feuillets. 280 millimètres sur 170. Écritures du huitième siècle.

Deux pages de ce ms. sont en fac-simile dans l'ouvrage de M. de Bastard, planche 33. — Un court fragment en a été donné dans le *Cabinet des manuscrits*, planche XVIII, n° 3. — Voyez aussi le *Nouveau Traité de diplomatique*, t. III, p. 111, 113, 245, 246, 312 et 316.

Porté de Corbie à Saint-Germain des Prés en 1638. N° 671 de

l'ancien catalogue de Saint-Germain. — N° 1045 du fonds latin de Saint-Germain.

Ancienne reliure en parchemin.

XXXIII.

Latin 10848. — Ouvrages de Sulpice Sévère et de Grégoire de Tours relatifs à saint Martin.

Fol. 1. « In Christi nomine, incipit epistola Severi ad Desiderium de vita sancti Martini episcopi et confessoris. (Fol. 1 v°) Severus Desiderio fratri karissimo salutem. Ego quidem frater Severus... » — Fol. 2 v°. « Incipiunt capitula libri 1 de vita et virtutibus sancti Martini episcopi. » — Fol. 4. « Item prologus ejusdem de eadem ratione. Plerique mortalium... » — Fol. 5 v°. Incipit vita sancti Martini, episcopi et confessoris. Igitur Martinus Sabbariae Pannoniarum oppido oriundus. . » — Fol. 27 v°. « Incipit epistola Severi ad Eusebium praesbiterum postea episcopum. Hesterna die cum ad me plerique... » — Fol. 29 v°. « Cum ad diocesim... » — Fol. 30 v°. « Incipit alias ejusdem ad Aurelium diaconum. Postea quam a me mane... » — Fol. 34. « Incipit epistola Severi Sulpicii ad socerum suam Basulam qualiter sanctus Martinus de hoc mundo recesserit. Sulpicius Severus Bassulæ parenti venerabili salutem. Si parentes vocari in jus liceret... » — Fol. 35 v°. « Martinus igitur obitum suum longe ante prescivit... »

Fol. 38 v°. Table du premier dialogue de Sulpice Sévère. — Fol. 40. « Incipit Dialogus Severi primus de monachis et monachorum orientalibus. Cum in unum locum ego et Gallus... » — Fol. 63. « Incipiunt capitula libri secundi Dialogi Severi de virtutibus santi Martini... » — Fol. 64. « Incipit liber secundus Dialogi Severi de virtutibus sancti Martini episcopi. Quo primo igitur tempore relictis scolis... » — Fol. 79. « Incipiunt capitula libri tertii Dialogi Severi de virtutibus sancti Martini. » — Fol. 80. « Incipit liber III Dialogi Severi de virtutibus sancti Martini episcopi. Lucescit o Galle... »

Fol. 94. Inscriptions et notes relatives à la basilique de Saint-Martin. « Incipiunt versus in foribus primæ cellæ sancti Martini episcopi ac confessoris. » C'est le recueil épigraphique compris par M. E. Le Blant, dans ses *Inscriptions chrétiennes de la Gaule*, I, 227-246.

Fol. 99. Fragment sur saint Brice. « Quodam itidem die dum in area quae parva admodum tabernaculum illius ambiebat... » — Fol. 100 v°. « ...tam studiosis auditoribus caena debetur. »

Fol. 101. « Incipit liber sancti Martini de trinitate. Clemens trinitas est.. »

Fol. 102 v°. « Sermo domni Gregorii episcopi de transitu sancti Martini. Archadii vero et Honorii imperatorum temporibus... » — Fol. 104. « Item alius ejusdem, de eo quod audivit Severinus episcopus in transitu sancti Martini. Beatus autem Severinus Colonensis civitatis episcopus... » — Fol. 105. « Item alius de eo quod sanctus Ambrosius in ipsius transitu fecit. Eo tempore beatus Ambrosius cujus hodie... » — Fol. 106. « Item alius ejusdem, quando corpus ejus translatum est. Opere pretium est etiam illud inserere... »

Fol. 107 v°. « Incipit vita sancti Briccii episcopi. Igitur post excessum beati Martini, Turonicæ civitatis episcopi... »

Fol. 110 v°. « In Christi nomine incipit de episcopis Turonicis. Licet in superioribus libris quaedam scripsisse visus sim... » — Fol. 117 v°. « ... quorum omnis summa est anni V^m DCC LXIII. Explicit feliciter. Amen. » C'est le morceau par lequel se termine l'*Histoire ecclésiastique des Francs* de Grégoire de Tours.

Fol. 117 v°. Catalogue de quelques archevêques de Tours, depuis Latinus jusqu'à Landramnus, publié d'après ce Ms. par dom Ruinart.

Volume en parchemin. 117 feuillets. 232 millimètres sur 170. Écriture à longues lignes, du neuvième siècle. Plusieurs morceaux (fol. 1 v° et 94) sont du type que M. de Bastard appelle écriture semi-onciale caroline, dont les meilleurs exemples sont dans la première bible de Charles le Chauve. Grandes lettres peintes aux fol. 1 v°, 5 v°, 35 v°, 64, 80 et 102 v°.

Le volume a appartenu à Pierre Pithou, dont la signature à moitié effacée est au haut du fol. 1. — Acquis en 1837 à la vente des livres de la bibliothèque de Rosny. — Jadis n° 1012 du supplément latin.

Ancienne reliure en parchemin.

XXXIV.

Latin 5606. — Vies, translations et miracles de saints particulièrement honorés dans l'abbaye de Saint-Pierre de Gand.

P. 1. Translation à Gand des reliques de saint Wandrille, de saint Ansbert et de saint Vulfran. « Incipit gloriosus a Deo dispositus adventus in monte Blandinium rite vocato sanctorum Wandregisili abbatis, Ansberti et Vulframni archipresulum aliorumque pignerum sanctorum. Dominus noster Jhesus Christus qui ad nos de sinu patris venire... » Publié d'après ce ms. par les Bollandistes, juillet, V, 291-301.

P. 57. Vie de sainte Amalberge. « Incipit prefatio in vita sanctissime Amalberge virginis. Gloria et honor Dei viventis est merita... » — P. 62. « Incipit vita sancte Amalberge virginis. De nativitate et infantia beate virginis. Gloriosi[ssi]ma Christi virgo Amalberga... » Publié par les Bollandistes, juillet, III, 87-98.

P. 135. « Thomellus domni Rabboudi, sancte Trajectensis ecclesie episcopi, de vita et meritis paradoxe virginis Amalberge. Quotienscumque, dilectissimi fratres... » Publié *ibid.*, 85.

P. 145. Invention et translation à Gand du corps de sainte Amalberge. « Incipit adventus gloriosissime virginis Christi Amalberge. Postquam sancta et Deo amabilis Amalberga pro conservando pudicicie tytulo... » Publié *ibid.*, 98-100.

P. 155. Hymnes et autres morceaux de l'office de sainte Amalberge, avec la notation.

P. 175. Vie de saint Godwal. « Incipit prefatio in vita sancti Godwali, episcopi et confessoris. Angelico comprobatur testimonio... » — P. 181. « Incipit vita sancti Gudwali, episcopi et confessoris. De ortu viri Dei et per ortum reddita pace et salute. In illis igitur diebus cum christiani imperii majestas... » Publié d'après ce ms. par les Bollandistes, juin, I, 718-730.

P. 271. Miracle de saint Godwal. « Incipit prologus in libro miraculorum sancti Gudwali. Benedictus Deus qui facit mirabilia... Explicit prologus. Quod imago crucifixi se inclinaverit sancto Godwalo. Anno incarnati Verbi M XL III, VIII idus junii, secunda feria, celebris beatissimi Gudwali recolebatur transitus... » Publié *ibid.*, 732-736.

Volume en parchemin. 302 pages. 224 millimètres sur 170. Écriture de la fin du douzième siècle. Grandes initiales peintes. La page 180 est remplie par la représentation de saint Godwal et de sainte Amalberge. Le frontispice de la translation de Wandrille (p. 1) est formé de neuf lignes tracées en grandes capitales gothiques, alternativement rouges et bleues. La première page de la vie de saint Godwal (p. 181) est occupée par un très-grand monogramme (lettres IN enlacées), autour duquel sont tracés, en rouge et en bleu, les premiers mots de l'ouvrage.

Le ms. 5606, qui est d'une calligraphie remarquable, formait primitivement deux volumes distincts, le premier répondant aux p. 1-174, le second aux p. 175-302. Tous deux sont l'œuvre du même copiste et du même enlumineur.

N° 346 de Bigot. — N° 4432.2 de l'inventaire de 1682.

Reliure en veau, aux armes de Bigot.

XXXV.

Français 5003. — Chroniques des rois de France, depuis les origines troyennes jusqu'au commencement du règne de Charles VI. Le premier feuillet manque. Les premiers mots conservés sont : « Vers Rommenie qui ainsy fut appelée par son nom... » — Derniers mots (fol. 386) : « ... Et par fine neccessité convint qu'il levassent leur siege, et s'en alerent, dont Jehan de Monfort fut bien desplaisant. Et cy fenist nostre livre de Cronique à la fin du regne du roy Charles le quint, roy de France, et au commencement du regne du noble roy Charles le VI° son filz, à la gloire et reverence de Dieu le Père tout puissant et pardurable et de sa benoite et glorieuse mère et de la benoite court de paradis. Amen. » Le fond de cette chronique a été emprunté aux Chroniques de Saint-Denis ; mais le compilateur a recueilli dans son œuvre beaucoup de légendes romanesques.

Voici, d'après un exemplaire de la bibliothèque de Chantilly, les premiers mots du commencement de la Chronique, qui manque dans notre ms. : « L'en trouve es anciannes histoires, en plusieurs lieux, que ceulx qui issirent de la cité de Troyes la grant ediffierent premierement... » Dans l'exemplaire de Chantilly la Chronique finit par les mots : «... Et à ce s'accorda voulentiers le dit duc d'Anjou, sy douvoit il de son droit, comme aisné frère du roy et ainsné oncle de son filz, en tant qu'il devoit avoir le gouvernement du royaume, tant que le roy eust aaige. Explicit les Chroniques des roys de France, du commencement jusques au roy Charles sixiesme de ce nom. » Ce dernier passage se trouve au milieu de l'avant-dernière page du ms. que nous décrivons.

Volume en papier. 386 feuillets. 300 millimètres sur 205. Écriture à longues lignes du quinzième siècle.

Ce ms. a appartenu à Claude Fauchet, qui l'a annoté et qui l'a cité dans ses ouvrages. — N° 1016 de Colbert. — Ajouté à l'inventaire de 1682 sous le n° 9656.5.5.A.

Reliure en veau au chiffre de Charles X.

XXXVI.

Latin 9071. — Actes divers du douzième au seizième siècle, au nombre de 48, dont le détail suit :

1. Petit rouleau du commencement du quatorzième siècle, intitulé : « Hec est copia litterarum de Anglia domini Thome de Quebriac », et contenant deux chartes de Henri II, roi d'Angleterre, une charte de Geoffroi, fils de Henri II, et deux chartes de Conan, duc de Bretagne.

2. Charte d'Enguerran de Trie, pour l'abbaye de Saint-Germer, touchant la dîme de Villers-sur-Trie. 1172. Copie de janvier 1264, n. s.

3. Acte de l'année 1445 contenant deux chartes de l'abbaye de Bonneval, émanées de Hugues, fils de Frodeline (vers 1160), et de Hugues, seigneur de Châteauneuf, en 1196.

4. Bulle d'Innocent III, pour l'abbaye de Saint-Ruf, 6 mai 1206. Copie du temps. (N° 2768 de Potthast.)

5. Charte de G. de Châteauneuf en Timerais, pour les chanoines de Saint-Vincent au Bois. Mai 1206. Copie de 1484.

7. Traité entre Bernard, évêque de Lodève, et Adam de Milly, lieutenant du roi de France. 1230. Copie du temps.

8. Sentence réglant les différends qui s'étaient élevés entre saint Louis et le chapitre de Paris. Mai 1248. En français. Exemplaire du temps, d'après lequel l'acte a été publié dans le Cartulaire de Notre-Dame de Paris, II, 395.

9. Simon, comte de Ponthieu, confirme les donations que Marie, sa femme, avait faites à Louis VIII. Vers 1245. Copie du temps.

10. Lettre de B., comte de Comminges, et de plusieurs autres, au sujet des terres que feu Raimond, comte de Toulouse, possédait dans les limites de l'empire. Vers 1250. Copie du temps.

11. Rôle relatif aux affaires de l'université de Paris. Vers 1250.

12. Pièce d'un procès porté devant Gilles, archevêque de Tyr, relatif à la trésorerie de l'église d'Acre. 10 mars 1256, n. s.

13. Rouleau relatif au duel arrêté entre Charles, roi de Jérusalem et de Sicile, et Pierre, roi d'Aragon. 1283. (Publié par Martène, *Thesaurus*, III, 101.)

14. Quittance de Florent de Roie, envoyé par le Roi en Touraine. 6 avril 1300, n. s.

15. Lettres de Philippe le Bel, sur le mariage de Louis, comte d'Évreux, avec Marguerite, fille de Philippe d'Artois. A Maubuisson, lundi avant Saint-Marc 1301.

16. Ordonnance de Philippe le Bel, sur les monnaies, etc. A Paris, 15 juin 1304. Copie du mois de décembre 1317, sous le sceau de Philippe le Long.

21. Lettre close des reines Jeanne et Blanche, au roi de Navarre. A Paris, 7 juin [1355].

22. Sauf-conduit donné aux sujets du roi de France, par le capitaine de Lourde en Bigorre. 5 juillet 1373.

23. Lettre autographe de Charles, roi de Navarre, pour la reddition de la forteresse de Régnéville. A Pampelume, 19 novembre 1376.

24. Édit de Charles VI, contre les cardinaux de l'Église romaine qui avaient plusieurs bénéfices en France. A Paris, 6 octobre 1385.

25. « Instruction bailliée par le Roy à l'evesque de Noyon et au sire de Coucy, son cousin, ses conseillers, à mess. Jehan de Trie, son chevalier et chambellan, et à maistre Jehan de Sains,

son secrétaire, lesquelz il envoie de present devers nostre Saint Père... » Au bas est la signature de Charles VI.

26. Bulle de Jean XXIII, adressée à un curé du diocèse de Quimper. 28 mai 1410.

28. Mandement du dauphin Charles, pour Jacques de Surgères. A Saumur, 8 juin 1417. Copie du temps.

29. Ordre par le dauphin Charles de publier les lettres de Charles VI, relatives aux émissaires de la cour de Rome. Mars 1418.

32. Lettre du cardinal d'Estouteville au Roi. A Rome, 28 août. — Reçue à Taillebourg, le 28 septembre 1451. — Original sur papier.

33. Lettre des évêques de Clermont et de Tulle, rendant compte au Roi de leur entrevue avec le cardinal d'Estouteville. A Lyon, 30 décembre 1451. Original sur papier.

34. Articles arrêtés entre Louis XI et Jean II, duc de Calabre et de Lorraine, pour le mariage de Nicolas, fils de celui-ci, avec Anne de France, fille aînée du Roi. A Montargis, 4 août 1466. Avec la signature et le sceau un peu brisé de Jean II.

35. Pouvoirs donnés par Louis XI aux ambassadeurs qu'il envoyait à la cour du pape. A Orléans, 19 octobre 1466. Minute sur papier.

36. Lettre de Louis XI au duc d'Orléans, datée de « Nouion », le 24 août. Original sur parchemin, signé par le Roi, et contresigné par Rolant.

39. Commission donnée par Louis XI, pour informer contre la mémoire de Charles le Téméraire. A Arras, 11 mai 1478.

40. Lettre de l'archevêque de Rouen, datée de Chinon, le 28 juillet, primitivement écrite en chiffres : copie, sans doute destinée au Roi, avec une note autographe et la signature de Louis, duc d'Orléans, depuis Roi sous le nom de Louis XII.

42. Acte de Philibert, duc de Savoie, avec la signature et le sceau de ce prince. 29 janvier 1505, n. s.

48. Ordre à maître Jean Grolier, trésorier et receveur général des finances en la duché de Milan, de payer 20 florins imp., valant 13 liv. 6 s. 8 d. t., à maître Jehan Pierre de Bartholasiis, professeur en logique en l'université de Pavie. 21 octobre 1518.

La plupart de ces pièces sont originales et sur parchemin.

Elles sont montées sur des feuillets de papier, de 430 millimètres sur 290.

Les pièces 3, 4, 13, 15, 16, 22, 24, 28, 34 et 39 viennent d'une liasse de parchemin que Dom Brial céda à la Bibliothèque en mai 1803, et qui a formé le n° 62 du fonds des Cartulaires. — Au dos de plusieurs documents du recueil on remarque le signe généralement admis comme distinguant les pièces qui ont passé par les mains du chancelier Doriole.

Demi-reliure en parchemin, faite vers 1860.

XXXVII.

Français 14371. — Formulaire de la chancellerie royale, dont presque tous les actes paraissent appartenir aux règnes de Charles VI et de Charles VII. Il y a beaucoup de pièces de la fin du quatorzième siècle ou du commencement du quinzième, concernant les relations diplomatiques avec l'Angleterre, l'Allemagne, l'Espagne, l'Italie, l'empire de Constantinople et le royaume de Chypre. On y remarque principalement (fol. 249-266) les documents relatifs aux affaires de Gênes.

Le volume s'ouvre par 16 feuillets préliminaires, sur lesquels on trouve, entre autres notes, les noms des villes épiscopales de France, d'Angleterre et d'Écosse.

A la suite du Formulaire, on a copié des notes sur la succession des rois (fol. 285), des listes des pairs et des grands feudataires (fol. 288 v°), des renseignements statistiques (fol. 290), dont le premier concerne les 1,700,000 clochers du royaume.

Du fol. 303 au fol. 315 v°, « table de ce présent prothocole ».

Sous forme d'Appendice (fol. 316-357) on trouve différents morceaux, qui paraissent avoir été rassemblés par un secrétaire du roi Louis XI, notamment :

Fol. 316. « S'ensuit la maniere de benistre l'oriflambe en l'eglise de monseigneur saint Denis. »

Fol. 318. « Ordo ad inungendum et coronandum regem. »

Fol. 324 v°. « Christianissimi Francorum regis commendacio. »

Fol. 328. Observations détaillées sur le style et les usages de la chancellerie : « Litterarum regiarum quedam diriguntur subditis regni, quedam non subditis, aut sunt littere patentes, aut sunt littere clause... »

Fol. 337. Relation détaillée des obsèques de Charles VI.

Fol. 340. « Prothocole de lettres closes. »

Fol. 345 v°. « Primaria institucio notariorum in collegium necnon confraternitatis eorumdem. »

Fol. 353. « Estat et nombre des officiers qui doivent estre à la court du roy et en toute maison de prince du sanc royal. »

Fol. 356 v°. Vers satiriques sur le caractère de différents peuples. Ils commencent ainsi : « Anglicus angelus est cui nunquam credere phas est. »

Volume en parchemin très-fin, de 357 feuillets, plus 16 feuillets préliminaires cotés a-p. 170 millimètres sur 123. Écriture à longues lignes, du temps de Louis XI.

Jadis n° 798 du supplément français.

Ancienne reliure en velours noir.

XXXVIII.

* Français 5128. — Registre d'expéditions faites par le commandement du roi Henri II, par Cosme Clausse, sieur de Marchaumont, secrétaire des finances du Roi, du mois de janvier 1551 (n. st.) au mois d'août 1555. Ce registre a été tenu par les notaires et secrétaires du roi Dupoy et Clausse.

Volume en papier. 492 pages. 300 millimètres sur 284. Écriture du temps.

N° 191 du fonds de Baluze. Porté à l'inventaire de 1682 sous le n° 9732. 4.

Demi-reliure en veau au chiffre de Louis-Philippe.

XXXIX-XLIII.

Français 14491-14495. — Recueil formé par Jérôme Besoigne, docteur de Sorbonne, mort en 1763, pour servir à l'histoire de l'Université de Paris. Il y a beaucoup de notes prises sur des pièces d'archives.

Cinq volumes en papier, hauts de 235 millimètres et larges de 195. Le tome I a 206 feuillets, le tome II 309, le tome III 202, le tome IV 221 et le tome V environ 260. Écriture du dix-huitième siècle.

Demi-reliure en maroquin rouge de l'année 1851.

XLIV.

Français 5726. — « Advertissement et déclaration de l'institution de la maison de la Charité chrestienne establie et fondée par le Roy et sa court de parlement en la ville et faulxbourgs de Paris et commancée ès faulxbourgs Saint-Marcel. 1578. Ensemble plusieurs sainctes exhortations, instructions, prières et enseignemens, tant en prose qu'en vers, pour induire le chrestien à aymer Dieu et les pauvres. Le tout recueilly des sainctes Escritures et authoritez des saincts docteurs de l'Eglise catholique. Par Nicolas Houel, intendant et gouverneur de la dicte maison de Charité. »

Exemplaire offert au Roi.

Volume en parchemin. 13 feuillets. 215 millimètres sur 152. Écriture de l'année 1578 ou environ.

Reliure en maroquin olive, ornée d'un semé de fleurs de lis sur le dos et les plats, des armes du Roi avec la devise *Manet ultima cœlo*, et du chiffre de Henri III et de Louise de Vaudemont dans les coins.

N° 68 du fonds de Lancelot. — Ajouté à l'inventaire de 1682 sous le n° 10312. 9.

XLV.

Latin 10057. — Recueil de pièces relatives pour la plupart à l'histoire de la ville de Rouen, et formé de la réunion de deux mss. distincts.

I (fol. 1-337).

Copie faite au dix-septième siècle de différents actes tirés des archives municipales de Rouen, dont la date est comprise entre le milieu du douzième siècle et la fin du seizième. A la fin (fol. 333) se trouve une table des pièces comprises dans cette compilation.

Fol. 97 v°. « Extraict du registre de la monstre des nobles et noblement tenans au bailliage de Rouen..... icelle monstre tenue le tiers jour de juillet 1486. »

Fol. 222. Copie des privilèges de l'Hôtel-Dieu de la Madeleine de Rouen.

Fol. 280 v°.. « Incipit officium ad ducem [Normanniæ] constituendum. »

Fol. 297 v°. « Touchant les mesnagers envoiés en la ville de Franchise (Arras), l'an 1480. »

II (fol. 339-455).

Pièces diverses, cotées 22-35, transcrites au seizième et au dix-septième siècle, principalement relatives aux droits du Roi et à l'administration de la ville de Rouen.

Fol. 343. Testament de Michel de l'Hospital.

Fol. 379. Articles de la capitulation de Dieppe, en 1562.

Fol. 387. Remontrances à faire au Roi par le syndic de la ville de Dieppe. Mai 1561. Pièce originale signée Bigot, Pericard et Damours.

Fol. 393. Arrêt du grand conseil, entre Robert de Pellevé, évêque de Pamiers, et les religieux de Saint-Lo de Bourg-Achard. 12 déc. 1556.

Fol. 417. Sentence des grands jours de Tours, le 23 octobre 1533, pour Pierre Barre, prêtre, appelant comme d'abus d'une sentence de l'official de l'évêque de Luçon.

Fol. 426. Statuts de l'ordre de Saint-Michel.

Papier. 455 feuillets. 315 millimètres sur 210. Écriture du seizième siècle, sauf plusieurs pièces de la seconde partie qui sont du dix-septième.

Probablement entré à la fin du dix-huitième siècle. — N° 220 du fonds des cartulaires.

Couverture en parchemin du dix-septième siècle.

XLVI.

Latin 12884. — Annales de l'abbaye du Bec pendant les trois premiers siècles de ce monastère, c'est-à-dire depuis l'année 1034 jusqu'en 1333. Le titre choisi par l'auteur semble avoir été : « Chronicon Beccense auctum et illustratum. » Au commencement se trouve aussi le titre : « Tomus primus additionum ad Chronicon Beccense, sive seculum primum Annalium Beccensium. » L'auteur, qui écrivait en 1680, ne s'est pas fait connaître ; mais, d'après les détails donnés par Dom Tassin (*Hist. litt. de la congrég. de S. Maur*, p. 102), ce ne peut être que Dom Bénigne Thibault, mort le 7 juin 1684. L'ouvrage se composait de deux volumes, dont le second, laissé inachevé, resta à l'abbaye du Bec et a dû périr. Aux Annales de Dom Bénigne Thibault se rapportent les deux articles 11693 et 11695* de la nouvelle édition de la *Bibliothèque historique de la France* (I, 731, et IV, 340).

A la suite du troisième siècle des Annales ont été ajoutées plusieurs pièces relatives à l'abbaye du Bec, savoir :

P. 261. Requête adressée en 1308 à Clément V par plusieurs barons de Normandie; au sujet des biens anglais de l'abbaye du Bec que le Pape avait concédés au cardinal Raimond de Gout.

P. 257. Mémoires envoyé à Mabillon sur un ms. du Bec qui contenait un obituaire, un martyrologe, la règle de saint Benoît, de courtes annales de 851 à 1183, des vers sur la première croisade de saint Louis et une ancienne version française de la règle de saint Benoît. Les Annales et les vers sur la croisade de saint Louis sont copiés p. 260 et 263.

P. 265. Dessin représentant l'habit des moines du Bec.

P. 269. Plan des sépulcres de quatorze des anciens abbés du Bec.

Volume en papier. Deux feuillets préliminaires cotés A et B ; première partie, de 345 pages ; deuxième partie, 282 pages ; troisième partie, 250 pages, plus les pièces de l'appendice cotées 251-269. 310 millimètres sur 200. Écrit en 1680 et dans les années suivantes.

N° 528 des mss. latins de Saint-Germain.
Demi-reliure en maroquin rouge de l'année 1854.

XLVII.

Français 5691. — « Le Port Icius de Cæsar démonstré à Boulogne par Nicolas Sanson, d'Abbeville, contre le mesme Port Icius de Cæsar démonstré à Wisan par Guillaume Cambdene Anglois ; démonstré à Calais par George L'Apostre, maistre des escoles à Calais ; démonstré à Saint-Omer, par Abraham Ortelius, géographe du roy d'Espagne ; démonstré à Mardyck, par Jean Jacques Chifflet, médecin du roy d'Espagne et de l'infante archiduchesse des Pays-Bas. »

En tête, dédicace à « messire Victor Bouthiller, évesque de Boulogne », datée du 22 octobre 1630.

Volume en papier. 92 feuillets. 228 millimètres sur 165. Écriture du dix-septième siècle.

N° 103 du fonds de Cangé. Ajouté à l'inventaire de 1682 sous le n° 10295.3.

Demi-reliure au chiffre de Louis-Philippe.

XLVIII.

Latin 5188. — Cartulaire de l'évêché de Langres, rédigé en 1329 par l'ordre de l'évêque Jean.

En tête du volume sont douze feuillets préliminaires, cotés A-L, contenant, entre autres pièces, une ordonnance sur les finances des francs fiefs et des acquêts des églises en 1275 (fol. B).

Au fol. E, préface générale du Cartulaire, dont les premiers mots sont : « Quoniam mundus in maligno positus est... »

Le cartulaire proprement dit commence au fol. 1. Il est divisé en trois parties. « I. Liber de feodis. — II (fol. 124). Liber proprietatum et possessionum episcopatus Lingonensis. — III (fol. 247 v°). Liber gardiarum et subjectionum ecclesiarum, collegiorum et aliorum locorum ecclesiasticorum civitatis et dyocesis Lingonensis. » La table des pièces contenues dans chaque partie se trouve aux fol. E, 124 et 135. Des additions ont été faites à la fin de la première et de la dernière partie dans le cours du quatorzième et du quinzième siècle.

Volume en parchemin. 290 feuillets, plus les feuillets préliminaires A-L. 300 millimètres sur 210. Écrit en 1329, sauf les additions.

Donné en 1712 à la Bibliothèque par Caille du Fourny. — N° 9852 B de l'inventaire de 1682.

Reliure en maroquin rouge aux armes du Roi, du dix-huitième siècle.

XLIX.

Latin 9134. — Registre contenant des actes relatifs à l'administration de Bordeaux et de la Guyenne, principalement sous le règne de Henri VI, roi d'Angleterre. Le premier de ces actes est un pouvoir donné par le roi Henri VI à Jean Radclyf, sénéchal de Guienne, le 13 juin 1423; le dernier est une lettre de Jean, comte de Shrewsbury, du 20 mars 1452.

Il y a dans ce registre beaucoup de pièces antérieures au règne de Henri VI. Parmi les plus anciennes on peut citer une charte de l'année 1077 relative aux biens que l'abbaye de Maillezais possédait à Bordeaux (fol. 81); — une charte de Jean Sans terre pour Hélie Vigier, citoyen de Bordeaux, le 20 juin 1204 (fol. 88 v°); — une charte de Philippe le Bel pour la commune de Bordeaux, en décembre 1295 (fol. 48); — des actes relatifs à Bertrand de Got, évêque d'Agen, à la fin du treizième siècle (fol. 29 et suiv.).

Ce recueil, qui a dû être fait pour des agents du gouvernement anglais à Bordeaux, contient les privilèges de quelques localités de la Guienne et de la Gascogne. Un très-grand nombre d'actes se rapportent à la ville de Bordeaux, notamment aux prérogatives de la commune, à l'industrie des orfèvres, à la corporation des chirurgiens et barbiers, au monnayage. Une notable partie en a été publiée en 1878 dans le tome XVI des *Archives historiques du département de la Gironde*.

Volume en parchemin. 119 feuillets. 400 millimètres sur 292. Écriture du milieu du quinzième siècle.

N° 47 de Colbert. — N° 8387.4 de l'inventaire de 1682.
Reliure en maroquin rouge, aux armes de Colbert.

L.

Français 6091. — « Le voyage du baron de Sainct Blancard en Turquie. »

En tête, épître de Jehan de Vega, auteur de la relation, adressée au roi François Ier, et commençant par ces mots : « Vostre lettre, sire, par laquelle vous pleust me commander d'accompaigner le baron de Sainct Blancard, vostre maistre d'hostel ordinaire, capitaine général de vostre armée de mer de treze gallères, une fuste, deux brigantins, au voyage de Levant... » — Premiers mots de la relation (fol. 3) : « Le quinziesme jour d'aoust mil cinq cens trente-sept, l'armée desploya la voile au vent des isles de Marseilles, passa à Tholon... » — Derniers mots (fol. 35 v°) : « ... Et après disner XIX° jour de juin de là parvinsmes à Villeneufve à vostre court, sire. »

Exemplaire original offert au Roi, dont les armes sont peintes sur le fol. 1.

Volume en parchemin. 35 feuillets, plus un feuillet préliminaire coté A. 220 millimètres sur 148. Écriture du temps de François Ier.

A successivement porté les n[os] MDXL (inventaire de Rigault), 1511 (inventaire de Dupuy) et 10528 (inventaire de 1682).

Reliure en veau fauve du dix-neuvième siècle.

APPENDICE

Note sur le numérotage et le foliotage des manuscrits.

Les feuillets d'un manuscrit doivent être numérotés pour donner le moyen de faire des renvois précis, comme aussi de prévenir ou au moins de constater toute espèce de mutilation.

Ce numérotage se fera par feuillets, et non point par pages : la tâche à remplir sera ainsi réduite de moitié.

On ne laissera en dehors du numérotage ni les feuillets à moitié déchirés, ni même les petits morceaux de parchemin ou de papier intercalés après coup, mais faisant corps avec le volume. On tiendra compte aussi des feuillets blancs.

Les cotes des feuillets seront marquées à l'encre, en chiffres arabes, petits, légers et nets, dans l'angle droit du haut de chaque recto. Elles n'empiéteront jamais ni sur le texte, ni sur les ornements des marges. On veillera à ce qu'elles ne maculent pas la partie correspondante du verso placé en regard.

La série des cotes sera, autant que possible, continue et régulière, sans omission et sans répétition.

On devra vérifier les anciens foliotages ; ceux qui auront été reconnus trop irréguliers seront considérés comme non avenus et refaits entièrement à nouveau ; dans ce cas, il sera bon, soit de passer un trait léger sur les anciennes cotes, soit de tracer les nouvelles à l'encre rouge. Tout ancien foliotage qui ne présente point d'anomalies nombreuses et choquantes doit être maintenu, et jusqu'à un certain point régularisé, c'est-à-dire que si l'auteur de l'ancien foliotage a omis de numéroter les feuillets, ou bien s'il a par mégarde employé deux fois le même numéro, il faudra, au moyen de *bis, ter*,... assigner à chacun des feuillets une cote parfaitement distincte. Si, au contraire, l'auteur de l'ancien foliotage a sauté des numéros, s'il a, par exemple, coté un feuillet 36 et marqué un feuillet suivant du n° 39, l'erreur sera jusqu'à un certain point réparée, soit par l'addition de la cote -38 sur le premier de ces feuillets, soit par l'addition de la cote -37 sur le second ; la série des numéros des feuillets s'établirait alors comme il suit :

    35
    36-38
    39
    40

ou bien encore :
    35
    36
    37-39
    40

Il y a peu d'inconvénients à modifier d'anciennes cotes par l'adjonction de signes ou notes supplémentaires ; mais il faut éviter de les modifier par des surcharges.

Il arrive souvent qu'un volume anciennement folioté contient en tête un ou plusieurs cahiers qui n'ont point été compris dans le foliotage. Les feuillets de ces cahiers doivent recevoir des numéros figurés de telle façon qu'on ne puisse les confondre avec ceux du corps du volume. On peut les marquer des lettres de l'alphabet A, B, C...

La personne qui vient de folioter à nouveau un manuscrit, ou qui a vérifié et régularisé un ancien foliotage, doit aussitôt constater l'état du volume par une note inscrite au commencement sur le feuillet de garde. Les exemples suivants montreront par quelles formules cette constatation peut être exprimée :

Volume de 376 feuillets.

Volume de 485 pages.

Volume de 233 feuillets, plus les feuillets cotés 47 *bis*, 52 *bis*, 52 *ter*, 139 *bis*.

Volume de 317 feuillets, plus le feuillet 60 *bis*, moins les feuillets 34, 57, 72 et 185.

Volume de 135 feuillets, plus les feuillets préliminaires A-M.

Il est bon de noter les mutilations de feuillets qui ont atteint le texte ou les peintures ; à cette fin, la note dont la formule vient d'être donnée sera complétée par une mention ainsi conçue : les feuillets 4, 13 et 77 mutilés.

Chacune de ces notes sera datée.

Une expérience poursuivie à la Bibliothèque nationale depuis plus de vingt années permet d'évaluer à une moyenne de 1.700 le nombre des feuillets auxquels, dans une séance de six heures, une personne attentive et laborieuse peut faire subir les opérations dont le détail vient d'être exposé.

INSTRUCTIONS

POUR LA RÉDACTION D'UN INVENTAIRE DES INCUNABLES

Conservés dans les Bibliothèques publiques de France

Sous la dénomination d'INCUNABLES, on est généralement convenu de comprendre les volumes ou pièces qui ont été imprimés avant l'année 1501 ou qui sont présumés antérieurs à cette date.

Les incunables méritent d'être l'objet de soins particuliers dans les bibliothèques publiques, où souvent ils sont classés à part et forment une annexe des collections de manuscrits. Ce qui justifie le traitement particulier dont ils sont l'objet, c'est que beaucoup d'entre eux ont presque la même autorité et sont à peu près aussi rares que des manuscrits. C'est encore et surtout parce qu'ils nous fournissent le moyen d'étudier l'origine encore obscure et les premiers développements d'un art sur lequel repose en grande partie la civilisation moderne.

Un catalogue général des incunables conservés dans les bibliothèques publiques de Paris et des départements serait une œuvre éminemment utile, et si l'entreprise en était bien dirigée, les dimensions n'en seraient pas très considérables. Il suffirait, en effet, de décrire une seule fois chaque édition, et d'ajouter à la suite de la notice descriptive le nom de toutes les bibliothèques dans lesquelles serait conservé un exemplaire de l'édition décrite. Par exemple, si la Bible de 1462 est conservée dans huit de nos bibliothèques, il suffirait de donner une notice abrégée de cette Bible et d'ajouter à la suite le nom des huit dépôts qui la renferment. De cette façon, les 100,000 incunables qui existent peut-être dans nos bibliothèques publiques pourraient être inventoriés dans cinq ou six volumes, comprenant peut-être 20,000 ou 25,000 notices.

Pour atteindre ce but, il faudrait que les incunables de chaque bibliothèque fussent catalogués suivant un plan uniforme et avec des précautions qui permissent de ramener à un seul groupe toutes les notices se rapportant aux différents exemplaires d'un même livre.

S'il s'agissait d'un catalogue à faire exécuter par des bibliographes de profession, dans des établissements renfermant tous les instruments de travail, les recommandations à faire aux collaborateurs se réduiraient à une phrase : imiter les notices consacrées par Hain (1) aux incunables qu'il a lui-même étudiés et qui, dans son Répertoire, sont distingués par une étoile, ou mieux encore les modèles perfectionnés que nous ont donnés dans ces derniers temps M. Campbell (2) en Hollande, M. Van der Haeghen (3) en Belgique, M. Bruun (4) en Danemark, M. Klemming (5) en Suède, et M. Emile Picot (6) en France. Mais ce plan comporte la reproduction figurée d'un assez grand nombre de lignes, la collation rigoureuse des exemplaires, la com-

(1) Le titre du Répertoire de Hain est rapporté un peu plus loin.

(2) Voyez un peu plus loin le titre de l'ouvrage de Campbell.

(3) *Bibliotheca belgica*. Sur les caractères et le plan de cet immense recueil, voyez la *Bibliothèque de l'Ecole des Chartes*, XLVI, 535, année 1885.

(4) *Den danske Literatur fra Bogtrykkerkunstens Indforelse i Danmark til* 1550. (La première partie, allant jusqu'à l'année 1530 et remplissant un volume in-8° de 417 pages, a été publiée en 1870, à la suite des rapports sur la Bibliothèque royale de Copenhague pour les années 1864-1869).

(5) *Sveriges aldre liturgiska Literatur. Bibliografi.* Stockholm, 1879. In-8° et in-folio.

(6) *Catalogue des livres composant la bibliothèque de feu M. le baron James de Rothschild.* Tome I. Paris, 1884. In-8°.

paraison des types d'imprimerie, l'examen des filigranes du papier, et même l'addition de fac-similes. Il suppose de longues études préliminaires, la possession de beaucoup d'ouvrages bibliographiques et la possibilité soit de rapprocher plusieurs exemplaires d'un même livre, soit de comparer les différents produits d'un même atelier.

De tels procédés seraient d'une application très difficile. Pour atteindre le but que l'Administration se propose, il faut suivre des règles beaucoup plus simples et applicables à la grande majorité des cas qui se présentent dans les bibliothèques ordinaires. Il n'y aura de difficulté sérieuse que pour certains volumes mutilés au commencement ou à la fin, dont l'identité ne peut guère s'établir que par le rapprochement d'un exemplaire complet. Laissons de côté, au moins pour un moment, les volumes mutilés, et voyons comment la notice d'un incunable (1) peut être rédigée par un bibliothécaire qui n'a point fait d'études spéciales et qui est à peu près dépourvu de moyens de vérification.

Le corps de la notice doit reproduire le titre du livre ou ce qui en tient lieu, beaucoup des incunables n'ayant point, à proprement parler, de titres. On recherchera donc et on relèvera, en indiquant la place où ils se rencontrent : 1° le titre, s'il en existe un ; 2° le titre de départ, qui se trouve le plus souvent en tête du premier feuillet du texte, après les pièces liminaires et la table ; 3° le titre final ou la souscription (ce que les étrangers appellent colophon), que d'ordinaire il faut chercher avant les tables ou appendices

---

(1) Il n'est ici question que des incunables imprimés avec des caractères mobiles. Il a paru inutile de s'occuper des xylographes, ou impressions tabellaires, monuments d'une insigne rareté, dont tous les exemplaires connus sont signalés depuis plus ou moins longtemps dans les ouvrages spéciaux. Pour l'étude des xylographes, qui est singulièrement facilitée par les récentes reproductions de M. Pilinski, il faut recourir à l'ouvrage de Sotheby, *Principia typographica* (Londres, 1858; 3 vol. grand in-4°) et aux notes du même auteur sur les xylographes de la Bibliothèque nationale. (*Memoranda relating to the block books preserved in the Bibl. Imp. Paris, made october* 1858. (Londres), 1859, grand in-4°].

qui terminent le volume. — Parfois, il ne sera pas superflu d'ajouter le titre de quelques-unes des parties principales de l'ouvrage.

Quand les titres sont très développés, on peut remplacer par trois points les longueurs inutiles ; mais il faut scrupuleusement conserver tout ce qui a trait à l'intitulé de l'ouvrage, au nom de l'auteur ou de l'éditeur, à celui des imprimeurs ou libraires, et à la date de l'impression.

A défaut de titres, il faudra quelquefois copier les premières lignes d'une table préliminaire ou du texte, ce qui ne dispensera pas d'essayer, en parcourant l'ouvrage, de découvrir quel en est le sujet ou l'auteur. Les titres courants peuvent à cet égard fournir d'utiles indications.

Il faut accorder une attention particulière aux pièces liminaires et aux épilogues : souvent il s'y cache des mentions bonnes à relever sur la composition, l'édition, l'annotation, l'impression ou la vente du livre.

Après avoir relevé le titre du livre ou ce qui en est l'équivalent, on indiquera les conditions matérielles de l'impression :

1° Le format, qui sera déterminé par l'examen des pontuseaux du papier (verticaux dans les in-folio et les in-octavo ; horizontaux dans les in-quarto) ;

2° Le caractère : romain ou gothique ;

3° La justification : à longues lignes ou sur plusieurs colonnes ;

4° La présence de figures gravées ;

5° La présence de marques d'imprimeurs ou de libraires, surtout quand ces marques fournissent un renseignement qu'on ne trouve ni dans le titre ni dans l'équivalent du titre (1).

(1) Le fac-similé de la plupart des marques d'anciens libraires français se trouve dans un recueil publié par Silvestre et intitulé : *Marques typographiques ou Recueil des monogrammes, chiffres, enseignes, emblêmes, devises, rebus et fleurons des libraires et imprimeurs qui ont exercé en France depuis l'introduction de l'imprimerie en 1470 jusqu'à la fin du XVI*e *siècle*. Paris, 1853. In-8°. — Brunet en

On réserve pour la fin de la notice le détail des particularités propres à l'exemplaire inventorié, telles que :

1º Le tirage sur un papier exceptionnel ou sur du parchemin ou vélin ;

2º L'enluminure des frontispices, surtout quand il s'y rencontre des armoiries, des devises et des initiales ;

3º La reliure, si elle est contemporaine de la publication, si le travail en est curieux et surtout si on y découvre la marque ou le nom d'un libraire ou relieur.

Il est indispensable de signaler les anciennes notes ou pièces manuscrites, qui ont été ajoutées au commencement ou à la fin de beaucoup d'incunables, mais seulement quand elles offrent quelque intérêt historique ou littéraire, par exemple le nom des propriétaires primitifs, la date et le prix de l'acquisition, une dédicace particulière, etc.

Il est toujours facile de constater l'identité d'un incunable qui porte une date de temps et de lieu, réunie à un nom d'imprimeur ou de libraire ; mais la constatation peut présenter de sérieuses difficultés quand ces indications font plus ou moins défaut. Il serait alors bon de reproduire tout au long les titres des parties principales du livre, ou ce qui en tient lieu, et, si c'est possible, de les reproduire avec une extrême fidélité, même avec les fautes d'impression, en indiquant les coupures de lignes et en figurant les abréviations, ou du moins en soulignant les lettres qui, dans l'impression originale, sont représentées par des abréviations. Pour cette catégorie d'incunables, il est indispensable d'indiquer, soit le nombre des feuillets, soit la série des signatures de cahiers, et de compter le nombre des lignes de la première page ou colonne entièrement composée en caractères ordinaires, c'est-à-dire dans laquelle la présence d'un titre ou d'une rubrique ne modifie pas la justification normale.

a disséminé un grand nombre dans les cinq premiers volumes du *Manuel du libraire*. La liste alphabétique des imprimeurs ou libraires qui les ont employés se trouve au tome V du *Manuel*, col. 1685-1708.

Voici, par exemple, comment pourrait être conçue la notice d'une édition sans lieu ni date du Polycratique de Jean de Salisbury, dont un exemplaire est inventorié à la Bibliothèque nationale, sous la cote A. 1935 (2) :

Johannes Salesberiensis. Liber de nugis curialium. S. l. n. d. In-folio.

(Fol. 1 v⁰ :) Hic liber intitulatur de nugis ‖ curialium et vestigiis philosophorum ‖ cujus Johannes salesberi ‖ ensis Carnotensis episcopus fuit actor. — (Fol. 2 :) Tabula libri Policratici. — (Fol. 31 :) Explicit tabula super librum reco ‖ lende memorie Johannis. quondam ‖ archidyaconi salesberiensis. postmodum episcopi Carnotensis. de nugis curiali ‖ um et vestigiis philosophorum in qua tabu ‖ la notantur materie et sententie... — (Fol. 33:) Eutheticus Johannis episcopi Carnotensis in Policraticon. — (Fol. 38:) Policratici de curialium nu ‖ gis et vestigiis philosophorum. ‖ Prologus incipit. — (Fol. 246 v⁰ :) Finit opus preclarum de nugis curiali ‖ um et vestigiis philosophorum cujus Johannes ‖ Salesberiensis actor fuit. — (Fol. 247 :) Subscripta metra pulchre et plenissime conti ‖ nent materiam illam que habetur supra libro 6 ‖ capitulo XXIIII. de membris corporis quomodo adversus stomachum quasi voracitate omnium labores ‖ exhauriret conspiraverant. — (Fol. 249 v⁰ :) Et sic est finis.

In-folio. 250 feuillets, à deux colonnes. 40 lignes à la colonne. Caractères gothiques. Sans signatures, chiffres ni réclames.

Toutefois, il est superflu d'entrer dans des détails aussi minutieux, quand l'identité du livre peut être établie par un renvoi à l'ouvrage qui en contient une description rigoureusement exacte, comme le Répertoire de Hain ou les Annales de Campbell. Ainsi, du moment où on aurait reconnu que l'édition du Polycratique choisie ci-dessus comme exemple, correspond bien à la notice 1045 des Annales de Campbell, l'article de l'inventaire pourrait se réduire à ces lignes :

Johannes Salesberiensis. Policraticus de nugis curialium et vestigiis philosophorum. — S. l. ni d.

[Bruxelles, les frères de la vie commune ; vers 1480]. In-folio. Deux colonnes. Caractères gothiques. Campbell, n⁰ 1045.

La liste des ouvrages qui renferment des descriptions d'incunables utiles à consulter pour les identifications, serait fort longue à dresser. M. Emilio Faelli, qui n'a pas pas la prétention d'avoir opéré un dépouillement complet, a fait entrer 123 articles dans la nomenclature qu'il a récemment publiée (1) sous le titre de *Saggio di un Catalogo ragionato delle Bibliografie degli incunabili*. On pourrait certainement porter à un millier le nombre des articles d'une telle nomenclature. Nous n'avons pas à la dresser ici. Il suffira de rappeler le titre des répertoires les plus utiles, de ceux auxquels il est le plus commode de recourir en France ; nous ne citerons que les suivants :

Brunet. *Manuel du libraire et de l'amateur de livres.* Paris, 1860-1865. Six volumes, in 8°.

Campbell. *Annales de la typhographie néerlandaise au XVe siècle.* La Haye, 1874. In-8°. Un premier supplément de 30 pages a paru en 1878.

Hain. *Repertorium bibliographicum in quo libri omnes ab arte typographica inventa usque ad annum MD typis expressi ordine alphabetico vel simpliciter enumerantur vel adcuratius recensentur.* Stuttgart et Paris, 1826-1838. Quatre volumes, in-8°.

Panzer. *Annales typographici ab artis inventæ origine ad annum MD.* Vol. I-V, Nuremberg, 1793-1797. = *Annales typographici ab anno MDI ad annum MDXXXVI continuati.* Vol. VI-XI. Nuremberg, 1798-1803. Onze volumes, in-4°.

Van Praet. *Catalogue des livres imprimés sur vélin de la Bibliothèque du roi.* Paris, 1822-1827. Six volumes, in-8°.

Van Praet. *Catalogue des livres imprimés sur vélin, qui se trouvent dans les bibliothèques tant publiques que particulières.* Paris, 1824-1828. Quatre volumes, in-8°.

Quand on a à cataloguer un incunable plus ou moins incomplet du commencement et de la fin, et qu'on n'en peut pas déterminer l'identité à l'aide des répertoires bibliographiques dont on dispose, il est indispensable de compter

(1) Dans le journal bibliographique publié à Bologne sous le titre de : *Il Bibliofilo*, année 1885, p. 134-138 et 157-168.

le nombre des lignes et de donner les mots par lesquels commence la première page du premier cahier qui se présente complet dans l'exemplaire. Supposons, par exemple, que nous ayons à traiter un exemplaire incomplet d'une Légende dorée, tel que celui qui est à la Bibliothèque nationale, sous la cote H 180 de la Réserve et qui est défectueux au commencement et à la fin ; il pourra être ainsi décrit :

Voragine (Jacques de). Legenda aurea.... In-folio.
Exemplaire incomplet au commencement et à la fin. — Souscription au bas de la colonne 1 du feuillet K7 recto, avant la table : Reverendi fratris Jacobi de avoragine || de legendis sanctorum opus perutile habet finem.

In-folio. Caractères gothiques. Deux colonnes. 47 lignes à la colonne.

Premiers mots du feuillet b1 : « pergere putaret, mane invenit. Qui in || ventus cum... »

Ce signalement suffira pour faire reconnaître que le livre ainsi inventorié est un exemplaire de l'édition sans lieu ni date de la Légende dorée dont la Bibliothèque nationale possède un exemplaire complet sous la cote H 197 de la Réserve. On en trouvera plus loin (N° 105 des spécimens) la notice rédigée d'après l'exemplaire complet.

Pour déterminer certains incunables, surtout ceux qui se présentent sous la forme d'exemplaires incomplets, il est indispensable de parcourir les pièces liminaires et de se rendre compte de la composition générale de l'ouvrage. C'est le seul moyen de trouver les particularités qui permettent de le définir et de le caractériser. On n'oubliera surtout pas cette recommandation quand il s'agira des livres liturgiques, catégorie d'incunables infiniment précieux, parce qu'ils abondent en révélations sur différents points d'histoire locale, et notamment sur l'existence d'ateliers typographiques, encore très peu connus.

On ne saurait rechercher avec trop de précision l'origine des livres de liturgie locale. A défaut de titres, il faut accorder une attention particulière aux calendriers, aux litanies des saints, à certaines rubriques du propre des saints, et enfin à des indications qui accompagnent souvent, au bas de la première page des cahiers, la signature proprement dite : ces indications consistent en deux ou trois lettres, initiales du nom de l'église à l'usage de laquelle le livre était destiné, par exemple : *clu. pa. ro.* pour *Cluniacense, Parisiense, Romanum.*

Dans les vieilles bibliothèques on trouve fréquemment, reliés en un volume, un plus ou moins grand nombre d'ouvrages ou opuscules du xve siècle, parfaitement indépendants les uns des autres. Chacun de ces ouvrages ou opuscules sera traité à part, comme s'il formait un article isolé. Il faut bien prendre garde de distinguer chacune des pièces ainsi réunies, pour ne pas s'exposer à confondre dans une même notice, comme c'est arrivé plus d'une fois, le titre initial d'un ouvrage et la souscription finale d'un autre ouvrage.

La composition des volumes dans lesquels plusieurs incunables ont été réunis à une date fort ancienne, mérite d'être remarquée. Quand la réunion remonte à l'époque même de la publication des pièces, il y a parfois des conséquences à en tirer pour déterminer l'origine d'impressions dépourvues de dates de temps et de lieu. Par ce motif, il faut apporter beaucoup de réserve à disloquer les recueils anciennement constitués, lors même que les reliures n'offriraient aucun intérêt, lors même qu'elles seraient dans un médiocre état de conservation.

Les fragments d'anciens imprimés qui sont souvent entrés dans la reliure des incunables, soit pour servir de feuillets de garde, soit pour former le cartonnage des plats, doivent être soigneusement examinés. C'est, en effet, dans cet état que nous sont parvenus plusieurs des monuments les plus précieux pour l'histoire de la typographie, tels que des fragments de grammaire à l'usage des étudiants, des formules de lettres d'indulgences, des affiches et des prospectus pour le colportage et la vente des premiers livres imprimés. Il faut soigneusement conserver et étudier ces débris, et, quand on le peut, les dégager des reliures dont ils font partie ou auxquelles ils sont adhérents. Mais c'est là souvent une opération délicate, qui ne saurait être confiée qu'à des mains adroites et exercées, et s'il s'agissait de morceaux vraiment précieux, il ne faudrait pas hésiter à envoyer les volumes qui les renferment à l'Administration centrale, qui chargerait des artistes spéciaux d'isoler et de consolider les feuillets ou fragments de feuillets sacrifiés par les anciens relieurs. Des fragments ainsi ramenés à la vie comptent parmi les plus insignes curiosités des grandes bibliothèques. Les rédacteurs des catalogues ne manqueront pas de les enregistrer avec un soin méticuleux.

Pour rédiger un inventaire d'incunables sur le plan que nous venons de tracer, il n'est pas nécessaire de s'être familiarisé avec la connaissance des types employés au xve siècle dans les différents pays de l'Europe, ni de posséder cette expérience qu'une longue pratique et le maniement de beaucoup d'incunables peuvent seuls donner à l'œil et à la mémoire. Cependant il serait bon d'avoir quelques idées sur les caractères qui distinguent les principales écoles typographiques et qui empêchent le plus souvent de confondre une impression italienne avec une impression allemande ou française. On arriverait, dans une certaine mesure, à ce résultat, en étudiant comparativement, à défaut des originaux, de bons fac-similes des caractères le plus fréquemment usités dans les grands ateliers typographiques du xve siècle. Malheureusement il n'en existe pas encore un recueil général qui puisse être recommandé. — Les fac-similes qui ont paru sont presque toujours dissimulés dans des ouvrages d'un accès difficile et relatifs à des groupes d'impressions très restreints. Le recueil le plus considérable et le mieux entendu qui ait été publié sur la matière est celui de M. Holtrop, intitulé : *Monuments typographiques des Pays-Bas au quinzième siècle*. (La Haye, 1868. In-folio.)

Le jour où l'exemple de M. Holtrop aura été suivi dans les différents pays de l'Europe, l'étude des incunables entrera dans une voie nouvelle et fera de grands progrès. En attendant, le meilleur moyen de se former une idée générale et exacte de la physionomie propre aux vieilles impressions de chaque pays, c'est peut-être de visiter l'exposition typographique, organisée depuis 1878 dans la Galerie Mazarine de la Bibliothèque nationale. Le livret explicatif (1), dont la composition est due au conservateur, M. Thierry, est le canevas d'une excellente histoire de l'imprimerie : les monuments exposés en forment le plus instructif développement. La visite que nous recommandons sera encore plus fructueuse quand on s'y sera préparé par la lecture attentive du livre de M. Auguste Bernard, intitulé : *De l'origine et des débuts de l'imprimerie en Europe.* (Paris, 1853, deux vol. in-8°.)

M. Deschamps, dans son *Dictionnaire de Géographie ancienne et moderne à l'usage du libraire et de l'amateur de livres* (Paris, Didot, 1870, in-8°), a réuni de très curieux renseignements sur l'histoire de presque tous les anciens ateliers typographiques. Il y faut souvent recourir, sans jamais oublier que l'auteur d'une aussi vaste compilation a été condamné à reproduire sans un contrôle suffisant les assertions de bibliographes plus ou moins exacts, plus ou moins clairvoyants.

Comme exemple de la précision et de la critique qu'on demande aujourd'hui pour l'étude des incunables, comme exemple aussi de l'importance des résultats qu'on peut obtenir, nous pouvons recommander plusieurs travaux récemment publiés en France, notamment ceux que le docteur Desbarreaux-Bernard, M. Arthur de La Borderie, M. Claudin et M. Philippe ont composés sur les origines de l'imprimerie à Toulouse, en Bretagne, à Alby et à

---

(1) Première partie du volume intitulé : *Bibliothèque nationale. Imprimés. Manuscrits. Estampes. Notice des objets exposés.* Paris, Champion, 1881.

Paris (1). On lira encore avec un réel profit les lettres de M. Madden (2).

Rigoureusement parlant, l'année 1500 est la date à laquelle doit s'arrêter un travail ayant pour objet les incunables. Cette limite n'a cependant rien d'absolu. Elle ne saurait d'ailleurs s'appliquer à beaucoup de livres dépourvus de date, qui peuvent appartenir aussi bien au commencement du xvie siècle qu'à la fin du xve. Il sera donc indispensable de comprendre dans l'inventaire tous les vieux livres dépourvus de date. On pourra même aller un peu plus loin, et l'Administration ne saurait trop engager les bibliothécaires à joindre à leur catalogue d'incunables proprement dits un appendice où seraient signalées les curiosités bibliographiques du xvie siècle qu'ils auraient remarquées dans leurs dépôts. Il leur est particulièrement recommandé de dresser la liste des impressions faites en France dans le cours du xvie siècle, sauf à laisser provisoirement de côté les produits de presses de Paris et de Lyon, dont la nomenclature les entraînerait trop loin.

Pour donner une idée de ce que serait un inventaire d'incunables tel que les bibliothécaires sont invités à le rédiger,

---

(1) *L'Imprimerie à Toulouse aux XVe, XVIe et XVIIe siècles*, par le Dr Desbarreaux-Bernard, seconde édition. Toulouse, 1868. In-8°. Avec planches. — Il n'y est question que des imprimeurs du xve siècle.

Etablissement de l'imprimerie dans les provinces du Languedoc, par le Dr Desbarreaux-Bernard. Toulouse, 1876, in-8° avec planches. — Extrait du tome VII de la nouvelle édition de l'*Histoire générale de Languedoc*,

L'Imprimerie en Bretagne au XVe siècle. Etude sur les incunables bretons, avec fac-simile contenant la reproduction intégrale de la plus ancienne impression bretonne, publiée par la Société des bibliophiles bretons. Nantes, 1878. In-4° de 154 pages, avec planches.

Antiquités typographiques de la France. Origines de l'imprimerie à Albi en Languedoc (1440-1484). *Les pérégrinations de J. Neumeister, compagnon de Gutenberg, en Allemagne, en Italie, et en France* (1463-1484); *son établissement définitif à Lyon* (1485-1507). Par A. Claudin. Paris, 1880. In-8°, avec planches.

Origine de l'imprimerie à Paris, d'après des documents inédits, par Jules Philippe. Paris, 1885. In-8°, avec planches.

(2) *Lettres d'un bibliographe*, I-V. Paris, 1868-1878. In-8°.

nous terminerons ces instructions par l'inventaire d'une centaine d'articles choisis dans toutes les divisions du cadre bibliographique. Nous y avons fait entrer une trentaine d'éditions de Térence, pour montrer comment, avec des procédés très simples, on peut faire sauter aux yeux les caractères auxquels se reconnaissent les différentes éditions d'un même ouvrage.

Chaque notice débute par une ligne, dont les premiers mots sont imprimés en caractères gras et qui résume très brièvement la notice, pour faciliter les classements et abréger les recherches.

Vient ensuite le relevé des titres qui sont au commencement et à la fin du volume, ou des formules qui tiennent lieu de titre.

Suit l'indication des particularités matérielles utiles à signaler : format, genre de caractère typographique, nombre de cahiers, de feuillets et de lignes, quand il y a lieu de le mentionner, justification à longues lignes ou sur deux colonnes, renvoi à l'ouvrage où le livre a été décrit, indication de particularités propres à l'exemplaire catalogué.

La notice se termine par l'énumération des morceaux contenus dans le volume, quand il y a un motif sérieux d'entrer dans ce détail.

Pour la rédaction des notices que nous donnons à titre d'exemple, nous avons suivi des procédés simples et élémentaires, dont l'application n'entraîne pas l'emploi d'ouvrages rares et difficiles à consulter. Nous y avons fait figurer des livres de genres très variés, et de préférence des ouvrages qui intéressent les origines de la typographie en France. Nous avons tenu à y représenter, par les monuments les plus authentiques, les plus anciens et les plus considérables, toutes celles de nos villes qui ont eu l'honneur de posséder des ateliers typographiques avant le commencement du xvie siècle.

Ces notices, à peu près débarrassées de tout appareil technique, suffiront, je l'espère, pour guider les bibliothécaires qui voudraient sans une longue préparation s'occuper d'un catalogue d'incunables. Puissent-elles aussi inspirer le goût des vieux produits typographiques, et en faire comprendre l'importance pour l'histoire des lettres, des arts et de l'activité de l'esprit humain à la fin du moyen âge et à l'aurore des temps modernes!

Spécimen d'un inventaire d'incunables.

1. Arnaud de Villeneuve. Regimen sanitatis. — *Besançon*, 1487. In-4°.

(Titre :) Regimen sanitatis, cum tractatu epidimie seu pestilentie. — (En tête du fol. a 2 :) Incipit regimen sanitatis Salernitanum excellentissimum, pro conservatione sanitatis totius humani generis perutilissimum, necnon a magistro Arnaldo de Villanova, Cathalano,... expositum, noviter correctum ac emendatum per egregissimos *(sic)* ac medicine artis peritissimos doctores Montispessulani regentes, anno M.CCCC. octuagesimo predicto loco actu moram trahentes. — (A la fin :) Hoc opus optatur quod flos medicine vocatur. Tractatus excellentissimus qui de regimine sanitatis nuncupatur finit feliciter. Impressus Bisuntii, anno Domini millesimo quadringentesimo octuagesimo septimo.

In-4°. Caractères gothiques. A longues lignes.

2. Arrestum querele de novis dissaysinis. — *Toulouse*, 1479. In-4°.

(Commentaire d'une ordonnance sur la procédure à suivre en matière de nouvelle dessaisine, commençant par ces mots :) Arrestum querele de novis dissaysinis non venit in parlamentis... — (A la fin :) Arrestum querele de novis dissaysinis finit feliciter. Impressum Tholose juxta pontem veterem, anno Domini M.CCCC.LXXIX, mense augusti.

In-4°. Caractères gothiques. A longues lignes. — Décrit par Desbarreaux-Bernard, *L'imprimerie à Toulouse*, 2ᵉ édition, p. 48, avec le fac-simile de la première page, pl. 7.

3. Auctores octo. — *Angoulême*, 1491. In-4°.

(Titre :) Auctores octo continentes libros videlicet Cathonem, Facetum, Theodolum, de contemptu mundi, Floretum, Alanum de parabolis, fabulas Esopi, Thobiam. (A la fin :) Felix libellorum finis quos Auctores vulgo appellant, correctorum impressorumque Engolisme, die xvii mensis maii, anno Domini m.cccc.lxxxxi.

<small>In-4°. Caractères gothiques. Longues lignes.
Au verso du titre, cinq distiques de l'éditeur: « Focaudus Monierus. »</small>

4. Auffret Quoatqueveran. Catholicon. — *Tréguier*, 1499. In-folio.

(Titre :) Cy est le Catholicon en troys langaiges, sçavoir est breton, franczoys et latin, selon l'ordre de l'a, b, c, etc. — (Au bas du fol. 1 v°:) lncipit Dictionarius Britonum, continens tria ydiomata, videlicet britanicam secundum ordinem litterarum alphabeti, gallicum et latinum superaddita, a M. J. Lagadec, diocesis Trecorensis, compositus ad utilitatem clericorum novellorum Britanie. — (A la fin :) Cy finist ce presant libvre nommé le Catholicon, lequel contient trois langaiges, sçavoir breton, franczoys et latin, lequel a esté construit, compilé et intitulé par noble et venerable maistre Auffret Quoatqueveran, en son temps chanoine de Treguier, recteur de Ploerin près Morlaix... Et imprimé à la cité de Lantreguier, par Jehan Calvez le cinquiesme jour de novembre, l'an mil cccc.iiii vingtz et dix-neuf.

<small>In-f°. Caractères gothiques. A deux colonnes. — Voyez *L'Imprimerie en Bretagne*, par A. de La Borderie, p. 89.</small>

5. Augustin (Saint). La Cité de Dieu, traduite en français par Raoul de Presles. — *Abbeville*, 1486. In-folio. Deux volumes.

Tome I. (En tête du fol. a ii :) Cy commence la table du premier livre de monseigneur saint Augustin de la Cité de Dieu, qui contient xxxvi chapitres. — (A la fin du volume :) Cy fine ce present volume ouquel sont contenus les dix premiers livres de monseigneur saint Augustin de la Cité de Dieu, fait et imprimé en la ville d'Abbeville, par Jehan du Pré et Pierre Gerard, marchans libraires. Et fut achevé le xxiiii jour de novembre, l'an mil quatre cens quatre vingz et six.

Tome II (En tête de la première page:) Cy commence la table des rubriches del xi livre de monseigneur saint Augustin de la Cité de Dieu, qui contient xxxiiii chapitres. —(A la fin :) Cy fine le second volume, contenant les xii derniers livres de monseigneur saint Augustin de la Cité de Dieu, imprimé en la ville d'Abbeville, par Jehan du Pré et Pierre Gerard, marchans libraires, et icelluy achevé le xii jour d'avril l'an mil quatre cens quatre vingtz et six avant pasques.

<small>Deux volumes in-folio. Caractères gothiques. Deux colonnes. Grandes gravures.</small>

6. Augustin (Saint). L'échelle de paradis. —[*Toulouse*, 1488:] In-4º.

(Titre sur le recto du premier feuillet, dont le verso est blanc :) Le schelle de paradis de sainct Augustin. — (Titre au haut du fol. 2 signé a 1 :) Le schele de paradis. S'ensuyt ung petit et singulier traictie de sainct Augustin appellé le schelle de paradis, où est contenu l'office de leçon, meditacion, oroison et contemplacion.

<small>In-4º de 16 feuillets, dont le dernier devait être blanc. Caractères gothiques. Longues lignes. Imprimé par Henri Meyer pour être joint à l'Imitation en français qu'il a publiée à Toulouse, en 1488. — Exemplaire imprimé sur vélin.</small>

7. Augustin (Saint). L'échelle de paradis. — [*Toulouse*, 1488.] In-4º.

Exemplaire du livre précédent, caractérisé par l'état du premier feuillet, au verso duquel est l'image dont une médiocre reproduction a été publiée par M. Desbarreaux-Bernard (*L'Imprimerie à Toulouse*, 2ᵉ édition, pl. 10). Le livre est décrit dans le même ouvrage, p. 82.

8. Barbacia (Andréas). Repetitio rubricæ de fide instrumentorum. — *Toulouse*, 1476. In-4º.

(Au haut du premier feuillet :) Repetitio solemnis rubrice De fide instrumentorum, edita per excellentissimum virum et juris utriusque monarcham divum dominum Andream Barbaciam siculum Messanensem. — (A la fin :) Clarissimi juris utriusque monarce, ac serenissimi regis Aragonum, etc. nobilis consiliarii, domini Andree Barbatie siculi de fide instrumentorum solemnis repeticio. Tholose est impressa xii calendas julii m.cccc.lxxvi.

<small>In-4º. Caractères gothiques. A longues lignes. — Décrit par Desbarreaux-Bernard, *L'Imprimerie à Toulouse*, 2ᵉ édit., p. 37.</small>

9. Bénévent (Jean de). Tractatus de clericis concubinariis. — *Toulouse*, 1479. In-4º.

(Titre au haut du fol. 2, après la table des conclusions du traité :) Tractatus de clericis concubinariis, xiiii conclusionibus distinctus, ab eximio decretorum doctore Johanne Alfonsi de Benevento... (A la fin :) Et sic finit presens de clericis concubinariis tractatulus, ab eximio sacrorum canonum Johanne de Benevento doctore, atque unam de quatuor cathedris scole Salamantice actu regente, ad profectum fidelium salubriter ordinatus, imprimente me Johanne Parix de Almania, Tholose, sub annis Christi M.CCCC.LXXIX.

<small>In-4°. Caractères gothiques. A longues lignes. Décrit par Desbarreaux-Bernard, *L'Imprimerie à Toulouse*, 2· édit., p. 51.</small>

10. Biblia. — *Mayence*, 1462. Deux volumes in-folio.

Tome I. (Premières lignes du fol. 1 :) Frater Ambrosius tua || michi munuscula perfe || rens detulit simul et || suavissimas... — (A la fin :) Explicit psalterium || anno M.CCCC.LXII. Tome II. (Premières lignes du fol. 1 :) Jungat epistola quos jungit sacerdotium || immo carta non dividat quos Christi nectit || amor... — (A la fin :) Presens hoc opusculum finitum ac completum et ad || eusebiam Dei industrie in civitate Maguntii || per Johannem Fust civem et Petrum Schoiffher de || Gernssheym clericum diotesis ejusdem est consum || matum anno incarnacionis dominice M.CCCC.LXII. || in vigilia assumpcionis gloriose virginis Marie.

<small>Deux volumes in-folio. Caractères gothiques. Deux colonnes. — Hain, n° 3050.</small>

10 bis. Même livre, avec quelques variantes.

(Cet exemplaire porte à la fin du tome II la souscription suivante :) Presens hoc opusculum artificiosa adinventione || imprimendi seu caracterizandi absque calami || exaracione in civitate Moguntii sic effigiatum || et ad eusebiam Dei industrie par Johannem Fust, civem || et Petrum Schoiffher de Gernsheym clericum di || otesis ejusdem est consummatum anno Domini M. || CCCCLXII, in vigilia assumpcionnis virginis Marie.

11. Boëce. De consolatione philosophiæ, cum sancti Thomæ de Aquino commento. — *Toulouse*, 1481. In-folio.

(En tête du feuillet a I :) Sancti Thome de Acquino super libris Boetii de consolatione philosophie commentum cum expositione feliciter incipit. — (Sur le feuillet a III :) Auicii (*sic)* Manlii Torquati Severini Boetii, ordinarii patricii, viri exconsulis, de consolatione philosophie liber primus feliciter incipit. — (A la fin :) Finit Tholose anno Cristi M.CCCC.LXXXI. M. Johanne Parix feliciter imprimente.

In-folio. Caractères gothiques. A longues lignes. Le commentaire est disposé au haut, au bas et sur le côté extérieur des pages.

Ce livre a été attribué à l'année 1480, sur la foi d'un exemplaire dont la souscription a dû subir un grattage. Décrit par Desbarreaux-Bernard, *L'imprimerie à Toulouse*, 2ᵉ édition, p. 56.

12. Boutillier (Jean). Somme rural. — *Bruges,* 1479. In-folio.

(Au haut du fol. 1 :) Cy commence la table du premier livre intitulé Somme rural... — (Sur le fol. 11 :) In nomine Domini. Amen. Soit commencé ce livre appellé Somme rural, colligie et sommé par moy Jehan Boutillier... — (A la fin :) Cy fine la Somme rural, compillée par Jehan Boutillier, conseillier du roy à Paris, et imprimée à Bruges par Colard Mansion, l'an mil cccc.lxxix.

In-folio. Caractères gothiques. Deux colonnes. Décrit par Vander Haeghen, *Bibliotheca belgica* (B. 125), au mot Boutillier, avec un fac-simile.

13. Boutillier (Jean). Somme rural. — *Abbeville,* 1486. In-folio.

(Au haut du premier des feuillets liminaires :) Cy commence la table du premier livre intitulé Somme rural... — (A la fin des feuillets liminaires :) Cy finent les rubriches et distinctions des chappiters *(sic)* de la première partie de ce present volume intitulé Somme rural, composé par maistre Jehan Bouteiller, licencié es drois canon et civil, et imprimé par moi Pierre Gerard, en la ville de Abbeville. — (A la fin de l'ouvrage :) Cy fine la Somme rural compilée par Jehan Boutillier, conseillier du roy à Paris, et imprimé en la ville d'Abbeville par Pierres Gerard l'an mil. cccc.lxxx et vi.

In-folio en deux parties. Caractères gothiques. A deux colonnes. Figure.

14. Breviarium Carnotense. — *Chartres,* 1483. In-4º.

(A la fin du psautier :) Consummatum absolutumque est hoc psalterium Carnoti, anno Domini m.cccc. octuagesimo tercio, quarta decima die mensis aprilis, in domo venerabilis canonici magistri Petri Plume. Orate pro eo. — (A la fin du commun :) April[is] vigesima die completum est hoc commune. Orate pro Petro Plume. — (A la fin du propre des saints, qui s'arrête à l'office de saint Cant, le 31 mai :) Istud breviarium ad usum insignis ecclesie Carnotensis, optime brevatum et correctum, fecit accuratissime imprimi providus vir magister Petrus Plume, predicte ecclesie canonicus meritissimus, anno ab incarnatione Domini M.CCCC. octogesimo tercio. Die XVII julii consummatum est.

In-4°. Caractères gothiques. A deux colonnes. Exemplaire imprimé sur vélin.

15. Breviarium Cluniacense. — [*Cluni,*] 1492. In-8°.

(Titre au haut du fol. a 1 :) Incipit Breviarium ordinis Cluniacensis, secundum novam reformationem consuetudinum sacri monasterii Cluniacensis, imprimi mandatum per reverendissimum in Christo patrem dominum Johannem de Bourbonio, episcopum Aniciensem et abbatem Cluniacensem, ex anno Domini M.CCCC LXXVIII, ut omnes religiosi ordinis prefati juges fundant ad Dominum Jesum preces pro felici statu, pace et prosperitate dicti monasterii. Sunt autem eadem breviaria a novo impressa, sub reverendissimo in Christo patre et domino Jacobo de Amboysia, predicti monasterii abbate, anno Domini M.CCCC.XCII.

In-8°. Caractères gothiques. A deux colonnes.

Exemplaire incomplet de huit feuillets, savoir p. 1, B 1 et 8, C 1, F 1, H 1 et 8, N 10.

Ce Bréviaire, comme le Missel de 1493, doit avoir été imprimé dans l'abbaye même de Cluni, par maître Michel Wenssler, citoyen de Bâle. C'est au missel de 1493, et probablement au bréviaire de 1492, que se rapporte une ordonnance du chapitre général de Cluni du 5 mai 1493 fixant le nombre des exemplaires de deux livres récemment imprimés, que les maisons de l'ordre devaient acheter à un prix déterminé. Cette ordonnance, dont le texte a été publié par A. Bernard (*Mém. de la Société des Antiquaires de France*, 4° série, t. I, p. 44), désigne ainsi les deux livres: « imprimi fecerunt Psalteria ordinaria cum antiphonis, hymnis et collectis, necnon Missalia, in magno et copioso numero et cum maxima expensa. »

16. Breviarium Elnense. — *Perpignan*, 1500. In-8°.

(Titre au haut du fol. 7 :) Incipit breviarium secundum usum Elne, ad honorem sanctissime Trinitatis et beatissime virginis Mariæ sanctissimarumque virginum ac martyrum Eulalie et Julie. — (A la fin :) Breviarium ad usum Elnensis ecclesie peroptime ordinatum ac diligenti cura castigatum... ; impressa sunt feliciter Perpiniani per Joannem Rosembach, Germanum de Handelberg, anno incarnationis dominice millesimo ccccc.

In-8°. Caractères gothiques. Deux colonnes. Exemplaire imprimé sur vélin. Van Praet, *Catalogue des livres imprimés sur vélin* [2° catalogue], t. I, p. 119, N° 342.

17. Breviarium Lemovicense. — *Limoges*, 1495. In-8°.

(A la fin du cahier BB :) Ad Dei omnipotentis gloriam, beate Marie semperque virginis laudem, beatique Marcialis apostoli et Aquitanorum primatis honorem, necnon et beati prothomartyris Stephani decorem, hoc opus insigne fuit emendatum auctoritate reverendi in Christo patris et domini Johannis, Lemovicensis episcopi, atque consilio et assensu venerabilium dominorum de capitulo Lemovicensis ecclesie, et impressum in castro Lemovicensi apud ymaginem intemerate gloriosissimeque virginis Marie, per Johannem Berton, anno Domini millesimo quadringentesimo nonagesimo quinto, die xxi mensis januarii. Marcialis Bolbon, presbiter atque unus de majoribus vicariis ecclesie Lemovicensis. — (Au haut du fol. a 1 :) Incipit dominicale totius anni secundum usum ecclesie Lemovicensis. — (Au haut du fol. aa 1 :) Ordo psalterii secundum morem Lemovicensis ecclesie. — (Au haut du fol. A I :) Incipit sanctorale per totum annum secundum usum Lemovicensis ecclesie. — (Au haut du fol. Aa I :) Incipit officium plurimorum sanctorum...

In-8°. Caractères gothiques. A deux colonnes. Exemplaire sur vélin, dont plusieurs feuillets ont été refaits à la main. Ce volume est ainsi composé : Cahier non signé, contenant le calendrier ; cahiers AA et BB, contenant l'ordre des offices ; cahiers a-s, propre du temps ; cahiers aa — ff, psautier ; cahiers A-z, propre des saints ; cahiers Aa-Cc, commun.

18. Breviarium Narbonense. — *Narbonne*, 1491. In-8°

(A la fin) : Explicit Breviarium ad usum sancte Narbonensis ecclesie, impressum Narbone, in claustro Sancti Justi, anno Domini millesimo quadringentesimo nonagesimo primo, completum ultima octobris anni ejusdem. Et fuit exemplar visum, lectum, correctum... per reverendum patrem dominum Radulphum Boisselli..., canonicum Narbonensem et vicarium generalem reverendissimi Francisci, archiepiscopi Narbonensis...

In-8°. Caractères gothiques. A deux colonnes.

19. Breviarium historiale. — *Poitiers*, 1479. In-4°.

(Au haut du fol. A i :) Incipit Breviarium historiale, ut homines bonis preteritis discant vivere et malis exemplis sciant prava vitare. — (A la fin :) Explicit tabula hujus libri, Pictavis impressi, prope Sanctum Hilarium, in domo cujusdem *(sic)* viri illustrissimi canonici ejusdem ecclesie beatissimi Hilarii, vigilia assumptionis beate Marie, anno Domini M.CCCC.LXXIX, in quo equidem libro multa quam plurima continentur utilia...

<blockquote>
In-4°. Caractères gothiques. A deux colonnes.

Sur cette compilation chronologique, qui a été rédigée en 1428 d'après l'ouvrage de Landolfe de Colonne, voyez *Bibliothèque de l'Ecole des chartes*, année 1885, p. 653, 658.
</blockquote>

20. Chroniques (Les) de Normandie. — *Rouen*, 1847. In-folio.

(Sur le premier feuillet :) Les cronicques de Normendie. — (A la fin du cahier m :) Cy fine le livre des croniques de Normendie. — (A la fin du cahier o :) Cy finissent les cronicques de Normandie.

<blockquote>
In-folio. Caractères gothiques. A deux colonnes. — Décrit dans le *Bulletin mensuel de la Bibliothèque nationale*, année 1882, p. 111 et 113. — Dans une préface signée G. L. et qui est sur le fol. 1 verso, Guillaume Le Talleur, demeurant à Saint-Lo de Rouen, déclare avoir fait imprimer dans son hôtel à Rouen, lesdites chroniques, « lesquelles ont esté accomplies au moys de may mil cccc quatre « vingtz et sept. » — La marque de Guillaume Le Talleur est sur le titre.
</blockquote>

21. Chroniques (Les) de Normandie. — *Rouen*, 1487. In-folio.

(En tête du fol. a 1 :) Si commence la table du livre des croniques de Normendie... (A la fin :) Cy finissent les croniques de Normendie, impriméez et accomplies à Rouen, le quatorziesme jour de may mil cccc. quatre vingtz et sept... N. D. H.

<blockquote>
In-folio. Caractères gothiques. A deux colonnes.

Les initiales qui sont à la fin de la souscription doivent désigner Noel de Harsy.
</blockquote>

22. Cicéron. Rhetorica nova. — *Angers*, 1476. In-4°.

(Au haut du premier feuillet :) Incipit rhetorica nova Marci Tullii Ciceronis. — (A la fin :) Anno incarnationis Domini M.CCCC.LXX.VI, die quinta mensis febroarii, fuit hoc opus completum Andegavi, per Jo. de Turre atque Morelli impressores.

<blockquote>
In-4°. Caractères romains. A longues lignes.
</blockquote>

23. Coutumes du comté et du duché de Bourgogne. — *Dôle*, 1490. In-folio.

(Titre de la première partie :) Les coustumes generales et ordonnances des parlemens du conté de Bourgoingne. — (A la fin de la première partie, feuillet f6, verso :) Les coustumes du conté de Bourgoingne et ordonnances du parlement d'icelluy sont estées imprimées au lieu de Dole par maistre Pierre Mettlinger Alemant, le darnier jour de may, l'an mil. cccc. quatre vings et dix.

(Titre de la seconde partie :) Les coustumes generales et ordonnances des parlemens du duchie de Bourgoingne.

In-folio. Caractères gothiques. A longues lignes.

24. Coutumes de Bretagne. — *Rennes*, 1484. In-8°.

(Titre final avant la table des chapitres :) L'an de grace mil iiii.c. iiii vingtz iiii, le xxvi jour de mars, devant Pasques,... a esté parachevé d'imprimer ce present volume de Coustumes correctées et meurement visitées par maistre Nycolas Dalier, maistre Guillaume Racine et Thomas du Tertre, advocaz, avecques les constitucions, establissemens et ordonnances faictes en parlement de Bretaigne es temps passez et jucques ad ce jour, pareillement visités et correctées par Jacques Bouchaart, greffier de parlement, et par maistre Allain Bouchart, par l'industrie et ouvraige de maistre Pieres Bellescullée et Josses. Et fut en la ville de Rennes, près l'eglise de Sainct Germain. Ce soit à la louenge de la Trinité.

In-8°. Caractères gothiques. — Longues lignes. — Voyez *L'Imprimerie en Bretagne*. par A. de La Borderie, p. 67.

25. Coutumes de Bretagne. — *Tréguier*, 1485. In-8°.

(Au bas du feuillet 9.5, verso :) Cy finist le texte du corps des coustumes de Bretaingne, emprimé en la cité de Lantreguer, le xvii jour de may, l'an mil iiii.c.iiii.xx et cincq. — (Au bas du feuillet M 7, verso :) Cy finissent les coustumes o les constitucions establissemens de Bretaingne, corrigées et adjustées devers pluseurs leaulx et bons exemplaires, imprimées en la cité de Lantreguer, par Ja. P., le iiiie jour de jung, l'an de grace mil iiiic iiiixx et v. Deo gracias.

In-8°. Caractères gothiques. A longues lignes. — Voyez *L'Imprimerie en Bretagne*, par A. de La Borderie, p. 83.

26. Coutumes de Normandie. *S. l. n. d.* In-folio.

(Au haut du fol. II :) Le repertore de ce livre. Ensuit le repertore de ce present livre, euquel sont contenus par ordre les traictiez et chapitres d'icelluy cy apres desclairez. Premierement le texte en françoys du livre coustumier du pays et duchïe de Normendie... — (A la fin de la première partie contenant le texte français et l'exposition :) Cy finist l'exposicion du livre coustumier du pays de Normendie. — (En tête du texte latin, formant la seconde partie :) Incipiunt jura et consuetudines quibus regitur ducatus Normannie. — (Au haut du fol. mm I :) Tractatus arboris consanguineitatis. — (Sur le fol. mm VII :) Finit tractatus magistri Johannis Andree super arboribus consanguineitatis, affinitatis necnon spiritualis cognationis. Anno Domini millesimo quadringentesimo octuagesimo tercio.

In-folio. Caractères gothiques. Longues lignes.

On a supposé que ce volume a été imprimé à Rouen en 1483 ; mais la date rapportée ci-dessus peut se rapporter à la copie ou à l'édition de l'opuscule de Jean André d'après laquelle cet opuscule a été réimprimé à la fin du Coutumier de Normandie.

27. Coutumes de Poitou. — *Poitiers*, 1486. In-folio.

(A la fin :) Cy finist le coustumier de Poictou, imprimé à Poictiers et correct par maistre Loys Prevost, licencié en loix, et par plusieurs aultres bons praticiens de la dicte ville de Poictiers, l'an de grace mil quatre cens quatre vingts et six.

In-folio. Caractères gothiques. A longues lignes.

Au commencement, sur les cahiers signés A-C, l'ordonnance de Charles VIII, datée de Cléri, en juillet 1482. — A la fin, immédiatement avant la souscription, pièce de vers intitulée : « Nycholai Horii Remensis ad librum de consuetudinibus Pictavorum epigramma. »

28. Diurnale Cathalaunense. — *Châlons ?* 1493. Petit in-8°.

(Titre :) Incipit Diurnale ad usum ecclesie Cathalaunensis.

(A la fin :) Hoc presens Diurnale impressum fuit Cathalauni, per Arnulphum Bocquillon, impressorem, anno Domini millesimo quadrigentesimo tercio, vicesima quarta mensis julii.

Petit in-8°. Caractères gothiques. Longues-lignes. Figures. La date de la souscription est évidemment fautive : ou bien le mot *nonagesimo* y a été omis, ou bien le mot *quadri[n]gentesimo* a été indument substitué à *quingentesimo*. — L'exemplaire de ce livre conservé à la Bodléienne est décrit dans le *Dictionnaire* de Deschamps, col. 294.

29. Diurnum Matisconense. — *Mâcon*, 1493. In-8°.

(Au haut du folio 1, après deux cahiers préliminaires :) In nomine Domini nostri Jesu Christi. Amen. Ordo psalterii secundum morem et consuetudinem Matisconensis ecclesie feliciter incipit. — (Au haut du folio 115 :) Incipit collectarium ad usum ecclesie Matisconensis. — (Au haut du folio 227 :) Incipit collectarium de Sanctis. — (Au haut du folio 323 :) Incipit commune sanctorum. — (A la fin, fol. 375 v° :) Explicit compendium diurni secundum ordinem ecclesie Sancti Vincentii Matisconensis, magna cum diligentia revisum fideliqne studio emendatum et impressum, in civitate Matisconensi, per Michaelem Vensler, de Basilea, impensis honesti viri (le nom a été gratté), mercatoris Matisconensis, anno Domini M.CCCC. LXXXXIII, sexto idus marcy.

Petit in-8°. Caractères gothiques. Longues lignes.

30. Donat. In Terentii comœdias interpretatio. — *Rome*, 1472. In-folio.

(A la fin :) Aspicis illustris lector... Conradus Suueynheym Arnoldus Pannartzque magistri Rome impresserunt talia multa simul. M. CCCC. LXXII, die x decembris.

In-folio. Caractères romains. Longues lignes. Hain, n° 15373. Au bas de la première page sont peintes les armes du roi de Naples.

31. Donat. In Terentii comœdias interpretatio. — *S. l. n. d.* [*Venise*, vers 1472.] In-folio.

(A la fin :) Raphael Zovenzonius Tergestinus poeta Vindelino Spirensi suo salutem.

Qui cupit obstrusam frugem gustasse Terenti,
    Donatum quærat noscere grammaticum,
Quem Vendelinus signis impressit ahenis,
    Vir bonus et claro preditus ingenio.

In-folio. Caractères romains. Longues lignes. Hain, n° 6383.

32. Donat. In Terentii comœdias interpretatio. — *Milan*, 1476. In-folio.

(Au haut du folio 1 :) Donati grammatici in P. Terentii Afri comœdias examinata interpretatio. — (A la fin :) Donati grammatici, viri doctissimi, commentarios, in P. Terentii comœdias, diligenter emendatos, non negligenter impressit Antonius Zarotus Parmensis, Mediolani, 1476, pridie nonas julias.

In-folio. Caractères romains. Longues lignes. Hain, n° 6385.

33. Donat. In Terentii comœdias interpretatio. — *S. l. n. d.* In-folio.

(Premières lignes de la première page :) Publius Terentius Afer ‖ Carthagine natus servivit Rome Te ‖ rencio Lucano senatbri. a quo ob inge ‖ nium... — (A la fin :) Qui cupit obstrusam frugem gustasse Terenti ‖ Donatum querat noscere grammaticum.

In-folio. Caractères romains. Longues lignes. Emploi de la capitale R de forme singulière. Hain, n° 6382.

34. Exposition des évangiles en roman. — *Chambéry,* 1484. In-folio.

(Titre :) Les exposicions des Euvangilles en romant. — (Titre au haut du folio a. II :) Incipiunt sermones Mauricii, Parisiensis episcopi, in dominicis diebus et in solemnitatibus sanctorum. — (A la fin :) Cy finist l'exposition des euvangilles et des epistres de tout l'an, translatées de nouveau de latin en françoys, imprimées à Chambery par Anthoine Neyret, l'an de grace M. CCCC. LXXXIIII, le VI jour du moys de juillet. Deo gratias.

In-folio. Caractères gothiques. A longues lignes. Figures.
Le premier feuillet est à l'état de fac-simile.

35. Garlande (Jean de). Cornutus. — *Haguenau,* 1489. In-4°.

(Titre :) Cornutus magistri Joannis de Garlandria. — (A la fin du texte, avant la table :) Expositio disticii seu Cornuthi, novi necnon antiqui, magistri Joannis de Garlandria, cum sententiis textuum ac lucida terminorum declaratione, ex quam pluribus autoribus breviter et plane collectis, impressa imperiali in oppido Hagenaw per Heinricum Gran, civem ejusdem opidi, sub anno salutis millesimo quadringentesimo octuagesimo nono.

In-4°. Caractères gothiques. A longues lignes.

36. Gasparini Pergamensis epistolæ. — *Paris,* 1470. In-4°.

(En tête du folio 2 :) Gasparini Pergamensis, clarissimi oratoris, epistolarum liber fœliciter incipit. (A la fin, ces huit vers :)

Ut sol lumen, sic doctrinam fundis in orbem,
Musarum nutrix, regia Parisius.
Hinc prope divinam tu, quam Germania novit,
Artem scribendi suscipe promerita.

>   Primos ecce libros quos hæc industria finxit
>   Francorum in terris ædibus atque tuis.
>   Michael, Udalricus Martinusque magistri,
>   Hos impresserunt, ac facient alios.

Sur le premier feuillet, lettre de Guillaume Fichet, écrite en Sorbonne et adressée à Jean de la Pierre.

In-4°. Caractères romains. Longues lignes,

Décrit avec fac-simile d'une page par J. Philippe, *Origine de l'imprimerie à Paris*, p. 44 et suiv.

37. Heures à l'usage de l'église d'Angers. — *Poitiers, s. d.* In-8°.

(Au bas de la première page du dernier cahier, signé k :) Explicit officium beate Marie virginis secundum usum ecclesie Andegavensis.

In-8°. Caractères gothiques. Longues lignes. Pages encadrées de vignettes.

Il ne subsiste de ce livre que 32 feuillets trouvés dans une ancienne reliure. Sur la première page se voit un écu fleurdelisé ; sur la dernière une marque d'imprimeurs, portant avec des armoiries les noms *Poictiers, J. Bouyer, P. Bellescullée ;* cette marque est gravée dans la *Bibliothèque de l'Ecole des chartes*, année 1876, p. 68.

38. Heures à l'usage du diocèse d'Evreux. — *Goupillières*, 1491. In-8°.

(A la fin :) Ces presentes heures furent imprimées à Goupilleres, le viii jour de may, l'an mil quatre cens quatre vings et unze, par honorable homme messire Michel Andrieu, prestre.

In-8°. Caractères gothiques. A longues lignes.

La mention de « Sainct Gaude, evesque, » dans le calendrier, au 31 janvier, autorise à attribuer ces Heures au diocèse d'Evreux et à supposer que le lieu d'impression est Goupillières, aujourd'hui commune du canton de Beaumont-le-Roger (Eure).

Il ne subsiste de ce petit livre que 36 feuillets, savoir les feuillets 1, 4, 5 et 8 du premier cahier du calendrier, le cahier e, les feuillets 1, 4, 5 et 8 du cahier f, le cahier g, les feuillets 1, 4, 5 et 8 du cahier h, les feuillets 1, 4, 5 et 8 du cahier i, les feuillets 1, 4, 5 et 8 du cahier k.

39. Historiæ plurimorum sanctorum. — *Louvain,* 1485. In-folio.

(Au verso du premier feuillet, dont le recto est blanc :) Incipiunt historie plurimorum sanctorum, noviter laboriose collecte et prolongate. — (A la fin :) Expliciunt hystorie plurimorum sanctorum, noviter et laboriose ex diversis libris in unum collecte, impresse Lovanii, in domo Johannis de Wesfalia, anno Domini M.CCCC.LXXXV, in octobri. Nota quod omnes historie hic collecte merito dicuntur nove, quia, licet quedam de istis etiam reperiantur apud plures, non tamen ita emendate et prolongate sicut in hoc libro. Patet istud in legendis sanctorum Frederici episcopi, Quirini, Gangulphi, Oswaldi, Kiliani, Affre, Juliane, Stephani pape, Alexandri et multorum aliorum.

In-folio. Caractères gothiques. Deux colonnes. Campbell, n° 1753.

A la suite du titre final, pièce de vers intitulée : « Anthonii Liberi Susatensis in laudem inclite Colonorum *(sic)* urbis epygramma foeliciter incipit. » — La compilation contenue dans ce volume a été indument confondue avec la Légende dorée.

40. Horace. Epistolæ. — *Caen*, 1480. In-4°.

(Au haut du fol. a I :) Incipiunt epistole Horacii. — (A la fin :) Impressum Cadomi, per magistros Jacobum Durandas et Egidum Quijoue, anno Domini millesimo quadringentesimo octogesimo, mense junio, die vero sexta ejusdem mensis.

In-4°. Caractères gothiques. A longues lignes.

41. Imitatione (De) Christi liber I. — *Metz*, 1482. In-8°.

(Titre au haut du fol. 2 :) Incipiunt ammoniciones ad spiritualem vitam utiles. — (A la fin :) Expliciunt ammoniciones ad spiritualem vitam utiles. Impresse in civitate Metensi, per fratrem Johannen Colini, ordinis fratrum Carmelitarum, et Gerhardum de Nova civitate, anno Domini millesimo CCCCLXXXII.

In-4°. Caractères gothiques. Longues lignes.

42. Imitation (L') de Jésus-Christ, en français. — *Toulouse*, 1488. In-4°.

(Titre au recto d'un premier feuillet dont le verso est blanc :) Du mesprisement du monde, et la ymitacion de Jhesu Christ. — (Titre au haut du deuxième feuillet, signé a I et numéroté fo. I :) Icy comance le livre très salutaire de la ymitacion Jhesu Christ et mesprisement de ce monde, premierement composé en latin par sainct Bernard, ou par autre devote persone, atribué à maistre Jehan Gerson, chancelier de Paris, et après translaté en françoys en la cité de Tholouse. — (A la fin :) Icy finist le livre de la ymitacion Jhesu Christ et mesprisement de ce monde, imprimé à Tholose par maistre Henric Mayer, alaman, l'an de grace mil cccc LXXXVIII, et le xxvIII jour de may.

<small>In-4°. Caractères gothiques. Longues lignes. Exemplaire imprimé sur vélin.</small>

43. Imitation (L') de Jésus-Christ en français. — *Toulouse*, 1488. In-4°.

Exemplaire du livre précédent, caractérisé par l'état du premier feuillet : le recto en est blanc et le verso en est occupé par une image dont une médiocre reproduction a été publiée par M. Desbarreaux-Bernard, *L'Imprimerie à Toulouse*, 2ᵉ édit., pl. 9.

Voir la description de cet exemplaire, lequel appartient aujourd'hui à M. Dutuit, dans le même ouvrage, p. 81 ; M. Desbarreaux-Bernard a donné en fac-simile (pl. 11 et 12) la première et la dernière page du texte.

44. La Marche (Olivier de). Le débat de cuidier et de fortune. — *Valenciennes*, s. d. In-8°.

(Titre :) Le débat de cuidier et de fortune, composé par messire Olivier de La Marche, lui estant prisonnier de la journée de Nansi. — (A la fin :) Imprimés à Vallenchiennes par Jehan de Liege, demorant devant le couvent de Saint Pol.

<small>In-4° de 10 feuillets. Caractères gothiques. Longues lignes.</small>

45. La Pierre (Jean de). Resolutorium dubiorum circa celebrationem missarum occurrentium. — *Périgueux*, 1498. In-4°.

(Titre :) Resolutorium dubiorum circa celebrationem missarum occurrentium, per venerabilem patrem dominum Johannem de Lapide, doctorem theologum Parisiensem, ordinis Cartusiensis, ex sacrorum canonum probatorumque doctorum sententiis diligenter collectum. — (A la fin :) Explicit Resolutorium dubiorum circa celebrationem missarum occurrentium, impressum Petragorisensis *(sic,* per magistrum Johannem Carant, anno Domini millesimo. cccc. xcvIII. Finit feliciter.

<small>In-4°. Caractères gothiques. A longues lignes. — La première et la dernière page ont été données en fac-simile par Hawkins, *Titles of the first books*, p. 76, pl. 24.</small>

46. Le Grant (Jacques). Le livre de bonnes mœurs. — *Chablis*, 1478. In-folio.

(Au haut du fol. 2, en tête de la table, titre dont les premiers mots : **Le livre de bonnes meurs** devaient être ajoutés à la main et dont la suite est imprimée :) fait et composé par frère Jaquez Le Grant, religieulx de l'ordre des Augustins, et composé et divisé en cincq parties. — (A la fin :) Explicit le livre de bonnes meurs, fait et impressé à Chablies, par moy Pierre Le Rouge, le premier jour d'avril, l'an de grâce mil cccc lxxviii.

In-folio. Caractères gothiques. A deux colonnes.

La dernière page du premier cahier, commençant par la ligne : « S'il avoit eu paour des eauues le, » a été répétée par erreur au verso du premier feuillet.

47. Lotharii Compendium breve. — *Lyon*, 1473. In-4º.

(Au haut du fol. 1. :) Reverendissimi Lotharii, dyaconi cardinalis sanctorum Sergi et Bacchi, qui postea Innocencius papa appellatus est, Compendium breve feliciter incipit, quinque continens libros... (A la fin :) Scelestissimi Sathane litigationis contra genus humanum liber feliciter explicit, Lugdunii (*sic*) per magistrum Guillermum Regis, hujus artis impressorie expertum, honorabilis viri Bartholomei Buyerii, dicte civitatis civis, jussu et sumptibus, impressus anno Verbi incarnati m.cccc.lxxiii, quinto decimo kalendas octobres.

In-4º. Caractères gothiques. Longues lignes.

48. Loys (Les) des trespassez. *Bréhant-Loudéac*, 1484. — In-4º.

(Titre au haut du fol. a I :) Cy sont les loys des trespassez, avecques le Pelerinaige maistre Jehan de Mung. — (Titre final :) Cy finissent les loys des trespassez, avecques le Pelerinaige maistre Jehan de Mung en vision, imprimé par Robin Foucquet et Jehan Cres, à Brehant Lodeac, soubz noble et puissant seigneur Jehan de Rohan, seigneur du Gué de l'Isle, le iiiᵉ jour de janvier mil iiiiᶜ quatre vingts et quatre.

In-4º. Cahier de 8 feuillets. Caractères gothiques. Une seule colonne.
— Voyez *L'Imprimerie en Bretagne*, par A. de La Borderie, p. 18.

49. Lucien. Palinurus, etc. — *Avignon*, 1497. In-4º.

(Titre :) Luciani Palinurus. Luciani Scipio Romanus. Luciani Heroica in amorem. Luciani Asinus aureus. Bruti Romani epistole. Diogenis Cynici epistole. — (A la fin :) Hec opuscula castigatissime emendata impressa sunt Avinione, impensa Nicolai Cepe, civis Avioninensis, m. cccc. xcvii, idibus octobris.

In-4°. Caractères gothiques. Longues lignes.

L'édition est dédiée à Clément de la Rovère, évêque de Mende et vice-légat d'Avignon, par « Gellius Bernardinus Marmita Parmensis. » — Fac-simile de deux pages dans le recueil de Rush C. Hawkins, *Titles of the first books from the earliest presses*, pl. 23.

50. Mandeville. — [*Lantenac*], 1487. In-4°.

(Titre :) Mandeville. — (Titre de départ, au haut du fol. A II :) Ce livre est appellé Mandeville, et fut faict et composé par monsieur Jehan de Mandeville..., et parle de la terre de promission... (A la fin :) Cy finist ce très playsant livre nommé Mandeville, parlant moult autentitquement du pais et terre d'oultremer. Imprimé l'an de grace mil cccc qutre *(sic)* vingz et sept, le xxvi jour de mars. Jehan Cres.

In-4°. Caractères gothiques. Longues lignes.

51. Meschinot (Jehan). Les lunettes des princes. — *Nantes*, 1493. Deux volumes. In-4°.

(Titre du premier volume :) Cy commence le livre appellé les Lunettes des princes, avecques aulcunes balades de plusieurs matieres, composées par feu Jehan Meschinot, seigneur des Moitiers, escuier, en son vivant principal maistre d'hostel de la duchesse de Bretaigne, à present royne de France.

(A la fin du second volume :) Imprimé à Nantes ce xv° jour d'apvril, en l'an mil cccc iiii^{xx} et xiii, par Estienne Larcher, imprimeur et libraire, à present demourant à Nantes, en la rue des Carmes près les Changes.

In-4°. Caractères gothiques. Longues lignes. Exemplaire sur vélin, dans lequel la souscription du second volume a été effacée. Voyez *L'Imprimerie en Bretagne au XV° siècle*, par A. de La Borderie, p. 103.

52. Missale Bisuntinum. — *Salins*, 1485. In-folio.

(A la fin du cahier r :) In Christo reverandissimi *(sic)* ac piissimi patris et pastoris vigilantissimi domini Caroli de Novo Castro, Dei et apostolice sedis gracia, archimandrite Bisuntini, expresso mandato, in sue diocesis antiquo ac celebri opido de Salinis, (spiritus sancti explente gracia) presens missalium elaboratum opus ad usum et secundum Bisuntinum ordinarium ad finem usque perductum est... per solertes et industrios viros Johannem de Pratis, Benedictum Bigot et Claudium Bodram, conspicuos et plurimum commendandos impressores... (A la fin du volume :) Divinis exactum auspiciis, claro Salinensi opido, secundum Bisuntine metropolitane ecclesie missarum annualium opus clarissimum, caracteribus impensa Johannis de Pratis diligenter correctis, olimpiadibus vero Domini millesimo cccc°. lxxxv.

In-folio. Caractères gothiques. A deux colonnes.

53. Missale Cluniacense. — *Cluni*, 1493. In-folio.

(Au haut du premier feuillet qui suit le calendrier :) Missale ordinis Cluniacensis, ex antiquioribus et autenticis exemplaribus sacri monasterii Cluniacensis diligentissime emendatum... (A la fin :) Reverendissimus pater et domnus domnus Jacobus de Amboysia, abbas sacri monasterii Cluniacensis, de consilio reverendi patris domni Anthonii de Rupe, decretorum doctoris, majoris Cluniacensis, Mortuaque ac Charitatis prioratuum prioris dignissimi... presens missale ordinari fecit. Quod tandem industriosus ingeniosusque vir magister Michael Wenssler, civis Basiliensis, plus affectu devotionis quam lucrandi causa, impressit in Cluniaco, anno Domini millesimo quadringentesimo nonagesimo tertio, die nona mensis junii.

In-folio. Caractères gothiques. A deux colonnes.

54. Modus (Livre du roi). — *Chambéry*, 1486. In-folio.

(En tête de la table par laquelle s'ouvre le volume :) Cy commance le livre du roy Modus et de la royne Racio, lequel fait mencion commant on doit deviser de toutez manieres de chasses. — (A la fin :) Cy finist ce present livre intitulé le livre de Modus et de la royne Racio, imprimé à Chambery par Anthoine Neyret, l'an de grace mil quatre cens octante et six, le xx jour de octobre.

In-folio. Caractères gothiques. A longues lignes. Figures.

55. Montrocher (Gui de). Le Manipulus curatorum en français. — *Orléans*, 1490. In-4°.

(Titre :) Manipulus curatorum, translaté de latin en françoys. — (A la fin, au verso du feuillet E VII :) Cy finist le livre dit Manipulus curatorum, translaté de latin en françoys par venerable et discrete personne maistre Guy du Rocher *(sic)*, docteur en theologie, imprimé à Orleans par maistre Mathieu Vivian, ovecquez la ayde de Nostre Signeur Jhesu Christ, l'an mille quatre cens quatre vings et X, le dernier jour de mars. — (Titre final, au verso du feuillet E VIII, dont le recto est blanc :) Le Dottrinal des prestres.

In-4°. Caractères gothiques. A longues lignes. — Sur le titre, grande marque aux initiales M. V. de l'imprimeur.

56. Ordinaire (L') des crestiens. — *Rouen, s. d.* In-folio.

(Titre :) L'ordinaire des crestiens. — (A la fin :) Imprimé à Rouen, devant la prieuré de Saint Lo, à l'ymage Saint Eustace, à la requeste de Jehan Richart, libraire, demourant devant l'ostel du grant conseil au dit lieu de Rouen.

In-folio. Caractères gothiques. Longues lignes. Grande gravure sur le fol. a IIII, verso. Sur le titre, la marque de Guillaume Le Talleur, telle que la donne Brunet, t. I, col. 1872.

57. Ordonnances royaux. — *S. l. ni d.* [*Angers*, vers 1493.] In-8°.

(Titre :) Ordonnances royaulx. — (Au haut du fol. 2 :) Sequentes articuli, adrequestam procuratoris generalis domini nostri regis, extracti sunt ab ordinationibus regiis undecima die jullii anno millesimo cccc nonagesimo tertio, eodem domino nostro rege in sua parlamenti curia sedente lectis... — (A la fin, fol. 8 :) Collatio facta est cum registro. Actum in parlamento, sedecima die novembris, anno Domini millesimo cccc nonagesimo tercio.

In-8°. Caractères gothiques. Longues lignes. Sur la dernière page, marque de l'imprimeur angevin Jean de la Tour : Une tour sur un écu, avec la devise: HARDIE VOLANTE.

Ce livret contient un extrait de la grande ordonnance de Charles VIII du mois de juillet 1493.

58. [Ovide.] Sapho ad Phaonem — *S. l. ni d.* In-4°.

(Titre :) Sapho ad Phaonem. — (Au haut du feuillet a II :) Poetice Saphus ad Phaonem epistola cultissima. — (A la fin :) Poetice Saphus ad Phaonem epistola finit feliciter. Impressum per magistrum Jacobum Moerart, prima die mensis junii.

In-4° de 10 feuillets, dont le dernier est blanc. 14 lignes à la page. Caractères gothiques.

In-4°. Caractères gothiques, A deux colonnes.

59. Pape (Gui). Commentaria super statuto delphinali. — [*Valence*,] 1496. In-4°.

(En tête du folio a II :) Perutilia ac summe in practica necessaria excellentissimi juris utriusque consulti domini Guidonis Pape Grationopolitani commêntario (sic) super statuto *Si quis per litteras*, ad laudem excelsi ac omnipotentis Dei, feliciter incipiunt statuti delphinalis. — (A la fin :) Commentaria et apparatus egregii et excellentissimi juris utriusque consultissimi domini Guidonis Pape super statuto dalphinal *Si quis per litteras,* anno Domini M. CCCC. XCVI, et die   mensis   , expliciunt, ad laudem et gloriam omnipotentis Dei, qui per infinita secula gloriosus vivit et regnat.

Le premier feuillet, dont le recto est blanc, contient au verso une lettre de « Jo. Albonus, baccalarius Valentinus, » dans laquelle on voit que cette édition fut exécutée aux frais d'Hélie Olivelli : « Rogatum feci magistrum Heliam Olivellum, hujusce nostre universitatis bibliopolam constitutum, ut opusculum hoc sua impensa curaret imprimendum, illectumque feci non tantum spe premii... »

60. Pape (Gui). Decisiones parlamenti dalphinalis. — *Grenoble*, 1490. In-folio.

(A la fin :) Expliciunt decisiones parlamenti dalphinalis, per dictum dominum Guidonem Pape, legum doctorem, dalphinalem consiliarium, compilate, ab anno Domini currente M° CCCC° XLIIII usque ad annum Domini M. CCCC LX primum... Hoc opus Decisionum excellentissimi parlamenti dalphinalis fuit Gracionopoli, per Stephanum Foreti, Deo favente, ante ecclesiam Sancte Clare, impressum et finitum, die penultima mensis aprilis, anno Domini M° CCCC. LXXXX.

In-folio. Caractères gothiques. A longues lignes. — Voyez *L'Imprimerie, les imprimeurs et les libraires à Grenoble*, par Edmond Maignien, p. 3.

61. Perse. Satyræ. — *Angers, s. d.* In-folio.

(En tête du premier feuillet :) Auli Persii Flacci in satyrarum librum prologus constans metro iambico trimetro. — (A la fin, sur le feuillet 17 :) A. P. F., satyrorum principis, liber feliciter finit.

Excepit claros Andegavense poetas
Ut studium, Persi, tu cito sculptus ades.
Gallorum egregias sic sculptus perge per urbes,
Ut possit spacium cernere glosa suum.
Philippinus Italus poeta lauro insignitus.

In-folio. 17 feuillets. Caractères gothiques. Longues lignes. Grandes marges et larges interlignes, destinés sans doute à recevoir des gloses manuscrites dans les écoles où les maîtres expliquaient les satyres de Perse.

62. Pestilentia (Tractatus de). — *Besançon*, 1487. In-4°.

(En tête du folio 1 :) Incipit perutilis tractatus de pestilentia.

— (A la fin :) Finit feliciter tractatus de pestilentia. Impressum Bisuntii, anno Domini millesimo quadringentesimo octuagesimo septimo.

In-4º. Caractères gothiques. A longues lignes.

63. Philelphe (François). De educatione liberorum. — [*Poitiers*,] 1500. In-4º.

(Titre :) Francisci Philelfi de educatione liberorum opus saluberrimum. (Au-dessous de ce titre, grande marque de Jehan Bouyer et de Guillaume Bouchet.)

In-4º. Caractères gothiques. A deux colonnes.

En tête du livre, épitre de « Calistus Florentinus andegavus, » adressée à Julien Tortereau et datée de Poitiers, le 26 juin 1500. — A la suite de cette épitre, pièce de vers intitulée « Joannis Galli Remensis de divi Juliani Troterelli obitu querimonia » ; il semble résulter de ces vers que Julien Tortereau mourut à la fin de l'année 1500.

64. Privilegia ordinis Cisterciensis. — *Dijon*, 1491. In-4º.

(A la fin :) Opera et impensa reverendissimi in Christ patris et domini domini Johannis, abbatis Cistercii,... hoc opus plurium summorum pontificum privilegiorum, quibus dictus sacer ordo Cisterciensis amplissime contra omnes injurias et insultus privilegiatus est et munitus, emendatissime et integerrime impressum Divione, per magistrum Petrum Metlinger alemannum, anno Domini M. CCCC. nonagesimo primo, IIII nonas julias.

In-4º. Caractères gothiques. A longues lignes.

En tête, deux gravures sur bois représentant : 1º la sainte Vierge prenant sous sa protection les religieux et les religieuses de l'ordre de Citeaux ; 2º le pape donnant un privilège aux cisterciens et les bénissant. — Deux pages du livre sont en fac-simile dans le recueil de Rush C. Hawkins, *Titles of the first books from the earliest presses*, pl. 22.

65. Reigle (La) des marchans. — *Provins*, 1496. In-4º.

(Titre :) Sensuit la reigle des marchans, novellement translatée de latin en françoys. — (A la fin :) Cy finist la Règle des marchans, imprimée à Provins, par Guillaume Tavernier, à la requeste de Jaquette Lebée, veufve de feu Jehan Herault, le premier jour d'octobre, l'an mil CCCC quatre vingtz et seze.

In-4º. Caractères gothiques. Longues lignes.

Extrait de la « Somme des confesseurs, faicte et compilée par Jehan le Liseur, de l'ordre des Frères Prescheurs. »

66. Spurcissimi Sathanæ litigationis contra genus humanum agitatæ liber. — *Vienne*, 1478. In-4°.

(Titre au haut du premier feuillet :) Spurcissimi Sathane, litigacionis infernalisque nequicie procuratoris, contra genus humanum coram Domino Nostro Jhesu Cristo agitate, beata Virgine Maria, ejus matre, pro nobis advocata et comparente, liber feliciter incipit. — (A la fin :) Scelestissimi Sathane litigacionis contra genus humanum liber feliciter explicit. Vienne, per magistrum Johannem Solidi, hujus artis impressorie expertum, anno incarnationis M. CCCC.LXXVIII.

In-4°. Caractères gothiques. A longues lignes.

67. Térence. Comœdiæ. — *S. l. ni d.* In-folio.

(Au haut du fol. 1 :) Publii Terentii Affri poete comici comediarum liber || incipit feliciter. — (A la fin :) Publii Terencii Affri poete || comici Comediarum liber finit.

In-folio. Caractères gothiques, Longues lignes, sans distinction de vers. Brunet, V., 702, n° II. — Attribué à Jean Mentelin de Strasbourg.

68. Térence. Comœdiæ. — *S. l. ni d.* Grand in-4°.

(Au haut du fol. 1 :) Terentius Apher genere, civis || vero Carthaginensis fuit. — (A la fin :) Finis Terentii Aphricani.

Grand in-4°. Caractères romains. Longues lignes, sans distinction de vers. — Brunet, V. 702, n° III.
Le premier feuillet est encadré d'une bordure peinte en Italie.

69. Térence. Comœdiæ. — *S. l. ni d.* In-folio.

(Au verso du fol. 1, dont le recto est blanc :) Terentii vita excerpta de dictis d. F. Petrarcæ. — (Au haut du fol. 3 :) Terentii Aphri poetæ comici liber in sex divisus comoedias, quarum || prima Andria, secunda Eunuchus...

In-folio. Caractères romains. Longues lignes. Brunet, V, 702. n° IV.

70. Térence. Comœdiæ. — *S. l. ni d.* Grand in-4°.

(En tête du fol. 1 :) Terentii Aphri poete comici come || diarum liber incipit foeliciter. — (A la fin :) Terentii Aphri Cartaginensis Comedia sexta et ul || tima finit feliciter.

Grand in-4°. Caractères romains. Longues lignes, sans distinction de vers. Brunet, V, 703, n° V. — Attribué à Philippe de Lignamine.

71. Térence. Comœdiæ. — *S. l. ni. d.* In-4º.

(Commencement du premier feuillet :) Natus in excelsis tectis Carthaginis altæ. — (A la fin, en capitales :) DEO GRATIAS AMEN.

> In-4º. Caractères romains. Longues lignes. Titres et noms des personnages ajoutés à la main, en lettres rouges. Brunet, V, 703, nº IX.

72. Térence. Comœdiæ. — *S. l. ni d.* Peut-être *Rome.* In-folio.

(Au commencement :) Terentius Apher Carthaginensis, ex libris per alios correctis et ex aliis antiquis codicibus perspectis per A. Sabinum poetam lau[reatum] emendatior factus. — (A la fin :) Terentii Aphri poete comici comedie finiunt fœliciter, per Johannem Hugonis de Gengenbach. Di bene vertant.

> In-folio. Caractères romains. Longues lignes, sans distinction de vers. Brunet, V, 704, nº XIII.

73. Térence. Comœdiæ. — *S. l. ni d.* Grand in-4º.

(Au verso du fol. 1, dont le recto est blanc :) Terentii vita excerpta de dictis D. F. Petrarcæ. — (Au haut du fol. a 3 :) Terentii Aphri poetæ comici liber in sex divisus comoedias, quarum || prima Andria, secunda Eunuchus......

> Grand in-4º. Caractères romains. Longues lignes. Brunet, V, 705, nº XVIII.
>
> Cette édition offre beaucoup d'analogie avec celle qui est décrite plus haut sous le nº 69. Elle s'en distingue parce que les premiers feuillets de chaque cahier ont des signatures qui n'existent pas dans l'autre.

74. Térence. Comœdiæ. — *S. l. ni d.* [*Paris.*] In-folio.

(Au haut du fol. a II :) Terentii vita. — (Au haut du fol. a 5 vº :) Publii Terentii Afri poetae co || mici Andriae argumentum. — (A la fin :) Publii Terentii Afri poætæ co || mici comœdiarum liber finit fœliciter.

> In-folio. Caractères romains d'Ulric Gering. Longues lignes, sans distinction de vers. Brunet, V, 706, nº XIX.

75. Térence. Comœdiæ. — *S. l. ni. d.* [*Paris.*] Grand in-4º.

(En tête du fol. a 2 :) Terentii vita. — (En tête du fol. b 2 :) Publii Terentii Afri poetae co || mici Andriae argumentum. —

(A la fin :) Publii Terentii Afri poætæ *(sic)* comici || comœdiarum liber finit fœliciter.

> Grand in-4°. Caractères romains d'Ulric Gering. Longues lignes, sans distinction de vers. Brunet, V, 706, n° XX.

76. Térence. Comœdiæ cum Donati interpretatione. — *S. l. ni d.* In-4°.

(Titre :) Therencius poeta || cum comento Dona || ti grammatici. — (Au haut du fol. A 7 v° :) Aelii Donati grammatici clarissimi || in sex P. Terentii Afri comedias examinata interpretatio.

> In-4°. Caractères gothiques. Longues lignes. Texte encadré par le commentaire. — Hain, n° 15389 ; Brunet, V, 706, n° XXI.

77. Térence. Comœdiæ. — *Venise*, 1471. In-folio.

(A la fin :) ... Joannes, Agrippine Colonie decus, impressit, anno Domini Nostri Jhesu Christi M.CCCC.LXXI, divo Nicolao Throno Venetiarum duce.

> In-folio. Caractères romains. Longues lignes. Hain, n° 15372.

78. Térence. Comœdiæ. — *Rome*, 1472. In-folio.

(A la fin :)
Aspicis, illustris lector...
Conradus Suuyenheym Arnoldus Pannartzque magistri
Rome impresserunt talia multa simul.
M.CCCC.LXXII, die VI octobris.

> In-folio. Caractères romains. Longues lignes, sans distinction de vers.

79. Térence. Comœdiæ. — *S. l. n. d.* [*Paris*, vers 1472].

(Au haut de la première page :) Publii Terentii Afri poete comici Andria incipit fœliciter. — (A la fin :) Publii Terentii Afri poetæ comici || comediarum liber finit fœliciter.

> In-folio. Caractères romains. Longues lignes, sans distinction de vers. Brunet, t. V, col. 704, n° XI. J. Philippe, *Origine de l'imprimerie à Paris*, p. 206.

80. Térence. Comœdiæ, ex emendatione Raphaelis Regii. — *Venise*, 1473. In-folio.

(Au verso du premier feuillet, lettre dont voici la suscription et la date :) Raphael Regius Bartholomeo Girar. salutem... Venetiis, tertio nonas maias, anno a natale christiano

M.CCCC.LXXIII, Nicolao Trhono duce. — (A la fin, cinq distiques intitulés :) Cippicus ad lectorem.

In-folio. Caractères romains. Longues lignes. Hain, n° 15374.

81. Térence. Comœdiæ. — *Milan*, 1474. In-folio.

A la fin :) Finis feliciter sex comœdirum *(sic)* Terentii. Opus impressum Mediolani, anno Domini 1474, die 23 februarii, per Antonium Zarotum Parmensem.

In-folio. Caractères romains. Longues lignes.

82. Térence. Comœdiæ. — *S. l.*, peut-être *Milan*, 1474. In-folio.

(A la fin :) Finis. M.CCCC.LXXIIII, pridie nonas augusti.

In-folio. Caractères romains. Longues lignes. Hain, n° 15375.

83. Térence. Comœdiæ. — *Sant'Orso près Vicence*, 1475. In-4°.

(Au haut de la première page :) Terentii vita ex Donati comentariis excerpta. — (A la fin :) M CCCC.LXXV, in Sancto Ursio Vincenti district. Johannes de Reno impressit, die ultimo aprilis. Finis.

In-4°, quoique les pontuseaux soient verticaux. Caractères romains. Longues lignes.

84. Térence. Comœdiæ cum Donati interpretatione. — [*Venise*], 1476. In-folio.

(A la fin :) P. Sexti Terentii Afri, cum Ælii Donati grammatici examinata interpretatione, finis. Insuper addita est Calphurnii in Heautontimorumenon Terenti (sic) accurata expositio.

Impressum quidem est opus hoc per Jacobum Gallicum, mira arte ac diligentia, anno Domini M.CCCC.LXXVI, VIII calendas septembris, Andrea Vendramino duce inclyto Venetiarum.

In-folio. Caractères romains. Longues lignes. Texte encadré par le commentaire. Hain, n° 15407.

85. Térence. Comœdiæ, cum Donati interpretatione. — *Trévise*, 1477. In-folio.

(Au haut du fol. 6 :) Aelii Donati grammatici clarissimi in sex P. Terentii Afri comœdias examinata interpretatio. — (A la fin :) Lepidas elegantesque Terentii comœdias, cum Donati interpretis commentario, juxta fidele Calphurnianæ castigationis exemplar, doctrinam studiumque Calphurnii Hieronymo Bononio enixe commendante, Hermanus Levilapis Coloniensis, probatissimus librariæ artis exactor, summa confecit diligentia. Tarvisii, anno Christi M.CCCC.LXXVII, XIV kalendas octobres.

In-folio. Caractères romains. Longues lignes. Texte encadré par les commentaires.

86. Térence. Comœdiæ. — *Milan*, 1477. In-folio.

(A la fin :) An[tonius] Za[rotus]. Mediolani. 1477, die XXII martii.

In-folio. Caractères romains. Longues lignes. Hain, n° 15378.

87. Térence. Comœdiæ, cum Donati interpretatione. — *Venise*, 1479. In-folio.

(En tête du feuillet a 6 :) Aelii Donati grammatici clarissimi in sex P. Terentii Afri comœdias examinata interpretatio. — (A la fin :) Impræssum Venetiis per Nicolaum Girardengum recognitumque per magistrum Franciscum Dianam, sub anno Domini M.CCCC.LXXVIIII, die XV decembris.

In-folio. Caractères romains. Longues lignes. Texte encadré par le commentaire sur les marges. Hain, n° 15409.

88. Térence. Comœdiæ. — *Naples*, 1481. In-folio.

(Au commencement :) Terentius Apher genere, civis vero Carthaginensis fuit... — (A la fin :) Terentii Aphricani poete comici comœdie finiunt feliciter. Impresse Neapoli, anno salutis M.CCCC.LXXXI, XXVIII die maii.

In-folio. Caractères romains. A longues lignes, sans distinction de vers.

89. Térence. Comœdiæ, cum Donati interpretatione. — *Venise*, 1482. In-folio.

(Au haut du fol. a 5:) Aelii Donati grammatici clarissimi [in] sex P. Terentii Affri comoedias examinata interpretatio. — (A la fin :) Venetiis. M.CCCC.LXXXII, die VI martii.

In-folio. Caractères romains. Texte encadré par le commentaire.

90. Térence. Comœdiæ, cum Donati interpretatione. — *Venise*, 1483. In-folio.

(Au haut du fol. a 5 :) Aelii Donati grammatici clarissimi [in] sex P. Terentii Affri comoedias examinata interpraetatio. —

(A la fin :) Venetiis, per Baptistam de Tortis, M.CCCC.LXXXIII, die VIII martii.

<small>In-folio. Caractères romains. Longues lignes. Texte encadré par les commentaires. Hain, n° 15412.</small>

91. Térence. Comœdiæ, cum Donati interpretatione. — *Venise*, 1483. In-folio.

(Au haut du fol. a IIII verso :) Aelii Donati grammatici clarissimi [in] sex P. Terentii Afri comoedias examinata interpraetatio. — (A la fin :) Publii Terentii Aphri poetæ comici liber fœliciter explicit, ac ejusdem poetæ vita, Venetiis impressa, impendio diligentiaque Andreæ de Asula Bartholomeique de Alexandria sociorum, anno salutis dominicæ M.CCCC. LXXXIII, pridie nonas decembris.

<small>In-folio. Caractères romains. Longues lignes. Texte encadré par les commentaires. Hain, n° 15394.</small>

92. Térence. Comœdiæ, cum Donati interpretatione. — *Brescia*, 1485. In-folio.

(Au haut du fol. a 4 verso :) Aelii Donati grammatici clarissimi [in] sex P. Terentii Afri comœdias examinata interpretatio. — (A la fin :) Publii Terentii liber explicitur. Impressum Brixiæ per Jacobum Britannicum Brixianum M.CCCC.LXXXV, die XX octobris. Finis.

<small>In-folio. Caractères romains. Longues lignes. Texte encadré par le commentaire. Hain, n° 15413.</small>

93. Térence. Comœdiæ, cum Guidonis Juvenalis interpretatione. — *Lyon*, 1493. In-4°.

(Titre :) Guidonis Juvenalis, natione Cenomani, in Terentium familiarissima interpretatio, cum figuris unicuique scænæ præpositis. — A la fin du texte (fol. Q IIII :) Impressum est hoc opus cura atque impensis magistri Johannis Trecshel, in civitate Lugdunensi, anno M.CCCC.XCIII, ad quartem kalendas septembrias.

<small>In-4°. Caractères romains. Longues lignes, sans distinction des vers. Le texte encadré par le commentaire. Figures — Hain, n° 15424.
Pièces liminaires : « Guido Juvenalis, Germano de Ganeio... Guido Juvenalis, Nicholao de Capella... » — A la fin du volume, pièces ainsi intitulées : « Jo. Badius Ascensius, lectoribus... — Guidi Juvenalis, Martino Guerrando, juris utriusque peritissimo atque præ-</small>

sulis Cenomanensis secretario... Guido Juvenalis Nicholaum Pelotarium, juris legumque consultissimum. *etc*... Guido Juvenalis, Michaeli Burello, sacrosanctæ theologiæ professori perquam erudito... Joannis Egidii Nuceriensis epigramma ad juvenes. »

94. Térence. Comœdiæ, cum directorio, etc. — *Strasbourg*, 1496, In-folio.

(Titre :) Terentius cum Directorio (vocabulorum, sententiarum, artis comice), Glosa interlineali, comentariis (Donato, Guidone, Ascensio). — (A la fin :) Immpressum (*sic*) in imperiali ac urbe libera Argentina, per magistrum Joannem Gruninger accuratissime nitidissimeque elaboratum et denuo revisum atque collectum ex diversis commentariis, anno incarnationis dominice millesimo quaterque centesimo nonagesimo sexto, kalendarum vero novembrium. Finit fœliciter.

In-folio. Caractères romains : gothiques pour les gloses interlinéaires. Longues lignes, sans distinction des vers. Texte encadré par les commentaires. Figures sur bois.

Hain, n° 15431.

95. Térence. Comœdiæ, cum directorio, etc. — *Strasbourg*, 1499. In-folio.

(Titre:) Terentius cum Directorio (vocabulorum, sententiarum, artis comice), Glosa interlineali, Comentariis (Donato, Guidone, Ascensio.) — (A la fin :) Impressum in imperiali ac libera urbe Argentina, per Joannem Gruninger, ac ad illam formam, ut intuenti jocundior atque intellectu facilior esset, per Joannem Curtum ex Eberspach redactum, anno a nativitate Domini 1499, tertio ydus februarii.

In-folio. Caractères romains. Longues lignes, sans distinction de vers. Figures. Hain, n° 15432.

96. Térence. Comœdiæ, ex recognitione Pauli Malleoli. — *Paris*, 1499. In-8°.

(Titre :) P. Terentii comœdie, quam sedulo per Paulum Malleolum recognite annotatæque, adjectis ab eodem in singulas scænas, quo facilius intelligantur, breviusculis argumentis, tam nitide quam accurate, in officina signi divæ Barbaræ nuper impressæ... — (A la fin du texte, fol. et 5 :) Pauli Malleoli in Terentianas Comœdias marginaria adnotamenta, cum exornationibus simulque et breviuscula ejusdem in singulas scænas, una cum additionibus, argumenta, impensis atque industria magistri Joannis Philippi, Parrhisiis emendatissime impressa, fœlicem sortita sunt finem, decimo calendas maias, anno salutis M.ID.

> In-8°. Caractères romains. Longues lignes. Hain, n° 15388.
>
> A la fin du volume, avant les Errata, lettre adressée à Robert Gaguin par « Paulus Malleolus Andelacensis, » datée du collège de la Sorbonne le 21 avril [1499].

97. Térence en français. — *Paris, s. d.* In-folio.

(Titre :) Therence en françois, prose et rime, avecques le latin. — (A la fin, fol. 385 :) Icy fine Therence en françoys, imprimé à Paris pour Anthoine Verard, marchant libraire, demourant à Paris, en la rue Sainct Jaques près petit pont, à l'enseigne Saint Jehan l'evangeliste, ou au palais, au premier pillier devant la chappelle où l'on chante la messe de messeigneurs les presidens.

> In-folio. Caractères gothiques. Les vers français sur deux colonnes; la prose à longues lignes juxtaposée au texte latin, qui forme une petite colonne sur le côté extérieur des pages. Figures. Au verso du dernier feuillet, la grande marque d'Antoine Vérard.
>
> Hain, n° 15435.

98. Trespassement (Le) Nostre Dame. — [*Brehant-Loudéac,*] 1484. In-4°.

(Titre final :) Cy finist le trespassement Nostre Dame, imprimé par Robin Foucquet et Jehan Cres, soubz noble et puissant seigneur Jehan de Rohan, seigneur du Gué de l'Isle, ou moys de decembre, l'an mil IIII^c IIII vingts et quatre.

> In-4°. Cahier de 7 feuillets. Caractères gothiques. Une seule colonne. — Voyez *L'Imprimerie en Bretagne*, par A. de La Borderie, p. 9.

99. Turre Cremata (Johannis de). Meditationes. — *Albi*, 1481. In-4°.

(Sur le fol. 1 v° :) Meditationes reverendissimi patris et domini domini Johannis de Turre Cremata, sacrosancte Romane ecclesie cardinalis, posite et depicte de ipsius mandato in ecclesie ambitu Sancte Marie de Minerva Rome. — (A la fin :) Expliciunt meditationes reverendissimi patris et domini domini Johannis de Turre Cremata, sacrosancte Romane ecclesie cardinalis, impresse Albie, anno Domini millesimo cccc. octuagesimo primo, et die xvii mensis novembris.

> In-4°. Caractères gothiques. A longues lignes. Gravures sur métal. Voyez Claudin, *Origines de l'imprimerie à Albi en Languedoc*, p. 22 et suiv.

100. Vie et miracles de saint Martin. — *Tours*, 1496. In-folio.

(Titre :) La vie et miracles de monseigneur saint Martin, translatée de latin en françoys. (A la fin :) A l'onneur et louenge de Dieu... a esté imprimée à Tours, par Mathieu Lateron, ceste presente vie avecques les miracles de monseigneur sainct Martin, arcevesque du dit lieu de Tours, en laquelle cité repose le benoist corps du glorieux sainct, le septiesme jour de may, l'an mil cccc. IIII. xx. et xvi, pour Jehan du Liege, marchant libraire demourant à Tours, en la rue de la Sellerie, à l'ymage de sainct Jehan l'evangeliste près des Augustins.

<small>In-fol. Caractères gothiques. A longues lignes. Figures peintes.
Exemplaire imprimé sur vélin et enluminé pour le roi Charles VIII, Au bas du frontispice, écu parti de France et de Bretagne. — A la fin, au bas du dernier feuillet de garde, se lisent les mots : AV ROY K. AV PLESSIS ; dans cette inscription l'initiale K est surmontée d'une couronne.</small>

101. Vitry (Philippe de) et Jean d'Ailly. La vie du paysan franc Gautier comparée à celle du courtisan : vers français, suivis d'une traduction latine par Nicolas de Clamanges. — *S. l.* 1490.

(Au haut du fol. 1 :) Philippus de Vitriaco, episcopus Meldensis. — (Fol. 1 v° :) Latinum super eodem N. de Clamengiis. — (Fol. 2 v° :) Sequitur contrarium seu materia contraria prime. — (Fol. 3 :) Petrus de Aliaco, episcopus Cameracensis. — (Fol. 3 v° :) Latinum super eodem N. de Clamengiis. — (A la fin, fol. 4 v° :) Latinum magistri Nicolai de Clamengiis super duabus materiis contrariis in significacione. Impressum anno Domini millesimo cccc. nonagesimo, die quarta septembris.

<small>In-4° de 4 feuillets. Caractères gothiques. Longues lignes.</small>

102. Voragine (Jacques de). Legenda aurea. — *Paris*, 1475. In-folio.

(Sur le feuillet qui contient au verso les 13 derniers articles de la table des chapitres, au haut de la col. 2 :) Incipiunt legende sanctorum. Et primo de tempore renovationis agitur, quod est adventus Domini. — (A la fin :) Finit Aurea Legenda, alias Historia Longobardica vocitata, feliciter. Impressa Parisius per Udalricum Gering, Martinum Crancz et Michaelem Friburger, anno Domini M.CCCC. LXXV, prima septembris.

<small>In-folio. Caractères gothiques. Deux colonnes.</small>

103. Voragine (Jacques de). Legenda aurea. — [*Paris,*] s. d. In-folio.

(Au haut du fol. 1 :) Incipit prologus super legendas || sanctorum, quas compilavit frater || Jacobus Januensis natione, de || ordine Fratrum predicatorum. — (Fol. 2 v°, col. 2 :) Incipiunt legende sanctorum. Et pri || mo de tempore renovationis agitur || quod est adventus Domini. — (A la fin :) Tabula continens fere omnia notabilia Legende au || ree desinit feliciter, pulchre transcripta Parisius per || Martinum Chrancz, Udalricum Gering et Micha || elem Friburger, impressorie artis magistros.

In-folio. Caractères gothiques. Deux colonnes.

104. Voragine (Jacques de). Legenda aurea. — *Toulouse, s. d.* In-4°.

(Premiers mots de la première page :) Universum || tempus presen || tis vite in || quatuor di || stinguitur. s. || in tempus... — (Au bas du fol. 2 v° :) Epigramma in presentis libri commendacionem. Tu qui famam cupis eternam cumulare, Aurea legenda aspice ne careas, Quam nitide pressam Parix nunc tibi tradit, Professorque fidei Jacobi correxit, Quos diversos solum genuit, nunc Tholosa pascit... — (Au haut du fol. 3 :) De adventu Domini. || Adventus Domini per || quatuor septima || nas... — (A la fin :) Legenda aurea finit feliciter.

In-4°. Caractères romains. Deux colonnes.

105. Voragine (Jacques de). Legenda aurea. — *S. l. ni d.* In-folio.

(Au haut du fol. a II :) Incipit liber preclarissimi religiosi || fratris Jacobi de Voragine ordinis Pre || dicatorum de vitis sanctorum. — (A la fin du texte, avant la table, fol. K 7 recto, col. 1 :) Reverendi fratris Jacobi de Avoragine || de legendis sanctorum opus perutile habet finem.

In-folio. Caractères gothiques. Deux colonnes. 47 lignes à la colonne.

APPENDICE

CURIOSITÉS BIBLIOGRAPHIQUES DE LA PREMIÈRE MOITIÉ DU XVIe SIÈCLE

106. Breviarium Arelatense. — *Arles*, 1501. Petit in-8°.

(Titre au haut du fol. 1, après le calendrier :) Ad honorem Domini nostri Jesu Christi et beatissime virginis Marie et beatorum Stephani et Trophimi, hujus sancte Arelatensis ecclesie primi fundatoris, omniumque sanctorum civium supernorum, incipit breviarium secundum consuetudinem predicte sancte Arelatensis ecclesie. — (Sur un feuillet non chiffré, qui suit le fol. 558 :) Explicit breviarium secundum usum sacratissime Arelatensis ecclesie, accuratissime correctum ac emendatum, in eadem Arelatensi urbe impensis capituli impressum, anno Domini millesimo quingentesimo primo, die vero decima quinta julii.

Petit in-8°. Caractères gothiques. A deux colonnes.

107. Breviarium Sancti Barnardi de Romanis. — *Romans et Meymans*, 1518. In-8°.

(En tête du psautier :) In nomine Domini nostri Jesu Christi incipit breviarium seu ordo dicendi horas ad usum insignis ecclesie collegiate Beati Barnardi de Romanis, sacrosancte Romane ecclesie immediate subjecte, ab eodem sancto Barnardo Viennensi archiepiscopo in honorem sanctorum apostolorum Petri et Pauli necnon sanctorum Severini, Exuperii et Feliciani in ipsa quiescentium fundate. — (A la fin, souscription dont le texte nous a été conservé par une copie manuscrite :) Breviarium ad usum insignis et collegiate ecclesie sancti Barnardi de Romanis, sancte Romane ecclesie immediate subjecte, finit feliciter... Fuit autem incepta impressio in dicto oppido de Romanis et finita in loco de Meymanis... Sumptibus prefati venerabilis capituli, arte vero et industria honorabilis viri Joannis Bellon, civis Valentie, impressoris, anno incarnate deitatis millesimo quingentesimo decimo octavo, die 7^a julii.

In 8°. Caractères gothiques. A deux colonnes. Décrit par l'abbé Ul. Chevalier, dans le *Bulletin du bibliophile*, série XVI, p. 305. Voir aussi *Bibliothèque de l'Ecole des chartes*, année 1881, p. 496.

Exemplaire donné à la Bibliothèque nationale, par feu M. P. Em. Giraud.

108. Breviarium Sistaricense. — *Sisteron*, 1513. Petit in-8°.

(Au haut du fol. 1, après le cahier consacré au calendrier :) In nomine Domini nostri Jesu Christi et in honorem beatissime gloriosissimeque virginis Marie, ejus matris, incipit breviarium secundum usum et ordinationem ecclesie cathedralis Sistaricensis. — (A la fin, fol. 513 :) Explicit breviarium secundum usum Sistaricensem, impressum Sistaricen. (*sic*) per magistrum Thomam de Campanis, alias Breton, finitumque die XIII aprilis, anno nostre salutis M CCCC.XIII.

Petit in-8°. Caractères gothiques. A deux colonnes.

109. Coroneus (Joannes) Miscellaneus. Aureus de morte libellus. [*Pamiers et Toulouse*], 1522. In-4°.

(Titre :) Hoc contenta volumine : Joannis Coronei Miscellanei Carnutensis, viri eloquentis, Morographia sive aureus de morte libellus, ex his que in M. Tullium ad historiam scripsit excerptus et tomis octodecim venustissime distinctus. Baptiste Mantuani carmelite, theologi, poete ac oratoris clarissimi, de contemnenda morte carmen, eodem Coroneo Miscellaneo paraphraste et interprete. Bertrandi Helie Appamiensis ad libellum hendecasyllabum...

In-4° de 20 feuillets ; cahiers signés A-D. Caractères gothiques. A longues lignes. Ce livret est sorti du même atelier que l'édition du poëme de Baptiste de Mantoue indiquée sur le titre et que nous savons avoir été imprimée à Pamiers en 1522 pour un libraire de Toulouse. L'édition du poëme est rappelée dans la préface du traité, et les errata du traité sont indiqués à la fin du poëme. Les deux pièces devaient donc être reliées ensemble, et le titre ci-dessus transcrit s'applique à l'une et à l'autre.

Au verso du titre, vers de « Antonius Bauberia Vaurentinus. » — Sur le feuillet Aii, dédicace à Bertrand de Lordat, évêque de Pamiers, datée de Pamiers le 11 septembre 1522. — A la fin du traité, vers de « Petrus Cassanus Beterrensis, » en l'honneur de « Joannes Coroneus Miscellaneus Carnutensis, artium magister, judex appellationum civitatis Appamiarum. »

110. Coutumes du bailliage d'Amiens. — *Amiens*, vers 1507. In-8°.

(Titre :) Coustumes generalles du bailliage d'Amiens, avec celles des prevostez de Monstroeul, Beauquesne, Foulloy, Sainct Ricquier, Doullens et Beauvoisis, nouvellement publiées et decretées en la ville d'Amiens, par Messieurs les Commissaires deleguez de par le roy nostre souverain seigneur sur le faict des coustumes du royaulme de France. Imprimées, par l'ordonnance desdits commissaires, par Nicolas Le Caron, imprimeur et libraire demourant en la dicte ville d'Amiens, en la rue des Lombars. — (A la fin, fol. 95 v° :) Imprimé à Amiens par Nicolas Le Caron, demourant en la rue des Lombars.

In-8°. Caractères gothiques. Longues lignes.

Le procès-verbal de rédaction desdites coutumes est daté du 4 octobre 1507. L'impression doit en être à peu près contemporaine.

111. Coutumes de Montreuil, Boulenois, etc. — *Hesdin*, 1512. In-4°.

(Titre :) Agregatoire de coustumes, contenant ce qui s'ensuit. Les coustumes generales de la prévosté de Monstroeul, avec les usages et stilz du siège real du dit lieu de Moustroeul, apostilés des concordances du droit civil et canon. Boulenois... Guisnes... Sainct-Pol... Sainct-Omer... Hesdin... Aire... Therouane... Artois. — (A la fin :) Imprimé à Hesdin, par Bauldrain Dacquin, auquel est ordonné lettre de privilege pour imprimer icelles coustumes, par laquelle lettre on faict deffense à tous imprimeurs, libraires et aultres de non imprimer, vendre ne distribuer les dictes coustumes, sans le consentement du dit Dacquin, d'ichy à deux ans, sur paine et confiscation des dits livres et d'amende arbitraire. Faict le xv jour de decembre mil cincq cens et xii.

In-4°. Caractères gothiques. Longues lignes.

112. Mantuani (Baptiste) de contemnenda morte carnem. — *Pamiers* et *Toulouse*, [1522.] In-4°.

(Titre :) Fratris Baptiste Mantuani carmelite, theologi, poete ac oratoris clarissimi, de contemnenda morte carmen, eodem (1)

---

(1) Ce mot doit faire supposer que la présente édition de Baptiste de Mantoue devait être reliée à la suite d'un traité de « Joannes Coroneus. » Voyez la notice n °109.

Coroneo Miscellaneo paraphraste et interprete. (Marque d'Eustache Mareschal.) Venale prostat elegantissimum hoc opus Tolose, in edibus Eustachii Marescalli, in vico Portarietis.

In-4° de 48 feuillets ; cahiers signés A-G. Caractères gothiques. A longues lignes.

En tête de son commentaire, « Joannes Coroneus Miscellaneus » a mis une dédicace à François de Tournon, archevêque d'Embrun, datée de Pamiers, le 3 septembre 1521. — Le commentaire se termine par une phrase qui nous apprend que l'impression en a été faite à Pamiers en 1521 : « Meminerit candidus lector excusos hos in contemnendam mortem commentarios Appamiis, que Fustatum metropolitana urbs, anno partus virginei millesimo supra quingentesimum primum et vigesimum, etatis vero nostre octavum et vigesimum. » — A la fin, pièce de vers intitulée : « Ad prestantissimum virum Yvonem Karpacnum, legum doctorem, Petri Corbelini Cenomanensis in Mundanum exhortatio »; il y est question de la mort de Léon X, arrivée le 1er décembre 1521. Il est donc probable que l'impression de ce petit volume est du commencement de l'année 1522 (n. st.).

113. Ordonnances de Louis XII. — *Amiens*, vers 1507. In-8°.

(Titre:) Les ordonnances du roy Loys XIIe de ce nom, auquel Dieu doint bonne vie, et plusieurs aultres ordonnances faictes puis naguaires tant pour les universitez que pour les monnoyes, orfèvres, joyelliers et aultres, avec le repertore pour trouver facillement les matieres, nouvellement imprimées à Amiens par Nicolas Le Caron. — (A la fin :) Ces presentes ordonnances ont esté imprimées à Amiens par Nicolas Le Caron, demourant en la rue des Lombars.

In-8°. Caractères gothiques. Longues lignes.

La dernière pièce contenue dans ce volume est datée du 12 novembre 1506. — La marque de Nicolas Le Caron est sur le titre.

114. Sonis (Arnaud). Opuscules latins et français, en prose et en vers, principalement relatifs à la mort d'Anne de Bretagne. — *Limoges,* 1514. In-4°.

(Titre :) In hoc luctuosissimo ac flebili opusculo continentur dulces ac filiales lachrime illius generosissime atque ut nunc mestissime domine Claudie, regis Francorum filie, quibus divam Annam, matrem suam, hoc anno ab humanis semotam deplorat, que omnia miti pietate decorantur. — Dive Anne felicis anime, Gallorum quondam ac Britannorum Auguste, epistola pio Lodoico e summa cel arce mandata... Consolatoria subsequitur epistola domine Claudie, regum Francie primogenite, missa nomine Anne nobilissime Navarre regum filie...

(Titre en tête du cahier D :) Comedia divina regalibus ac divinis instructa personis, seu libellus induciarum extremi judicii... ; composuit carmelita regens frater Arnaldus Sonis...

(A la fin du cahier D :) Sachés tous, bons liseurs, que ce livre a esté composé vivent la souvereine royne de France ; toutesfoys n'estoit pas imprimé ; car l'aucteur le avoit perdu avec son argent, et estoit translaté au large, tesmoing monsieur de Lausun, monsieur le vesconte de Pardellan et beaucoup d'aultres seigneurs, qui ont tenue la dite translation, et l'aucteur a trouvé son originel, non pas celuy qu'il perdit, par quoy maintenent n'est que somé concisement et en brief ; car il est povre, et n'i a homme au monde qui pour cela fere unques aie mise main pour luy donner ung denier, excepté messire Pierre de Abbatia, licentié en chescun droit, vicaire et chanoine de l'evesché de Tharbe, lequel l'estrena d'ung escu au soleil, et monsieur Bosquet, chancellier de Navarre, d'une livre. Toutesfois à l'aide de Dieu et du preux Richard de la Nouaille, imprimeur et libraire de Limoges, il a fait imprimer le livre sodainement pour amour du latin, auquel devés recourir ; car il est facile à entendre.

(Sur le dernier feuillet du livre :) Anno a partu virginis millesimo quingentesimo decimo quarto, et die xii junii, hoc opus terminatum est. Calcographus fuit probus et humanus vir Antonius Blanchardi de Gressa, sum predicto Richardo operans. Auctor ego Arnaldus Avedelis, cognomento Sonis, Joannis et Meliorete viventis filius...

In-4°. Cahiers signés A-J. Caractères gothiques. A longues lignes. Au verso du dernier feuillet, marque de Richard de la Nouaile.

115. Speculum vitæ beati Francisci. — *Metz*, 1509. In-8°.

(Titre :) Speculum vite beati Francisci et sotiorum ejus. — (Au haut du fol. 2 :) Ad laudem et gloriam Domini nostri Jesu Christi, et sanctissimi patris nostri Francisci, et hic scripta quedam notabilia de beato Francisco et sotiis ejus, et quidam actus eorumdem mirabiles, que in legendis ejus pretermissa fuerunt, que etiam sunt valde utilia et devota. — (A la fin :) Impressum Metis per Jasparem Hochffeder, anno Domini 1509.

In-8°. Caractères gothiques. Longues lignes.

116. Térence. Comœdiæ a Guidone Juvenale explicatæ. — *Rouen* et *Caen*, s. d., après 1501. In-4º.

(Titre :) Terentii Aphri, poete comicorum elegantissimi, comedie, a Guidone Juvenale familiariter explicate, una cum explanationibus Jodoci Badii Ascensii auspicato adhibitis. — (A la fin :) Publii Terentii Aphri, poete comicorum lepidissimi, comedie, a Guidone Juvenale familiariter exposite, una cum explanationibus Jodoci Badii Ascensii, ex multis exemplaribus exactissime castigate, optatum hic capiunt finem, impresse Rothomagi, in officina Laurentii Hostingue et Jameti Loys, hac in urbe juxta Novum Forum commorantes (*sic*), pro Roberto Macé, bibliopola universitatis Cadomensis.

In-4º. Caractères gothiques. A longues lignes, sans distinction de vers. Texte encadré par le commentaire. Sur le titre, grande marque de Robert Macé.

Au verso du titre, lettre de Josse Bade, datée de Paris le 1ᵉʳ janvier 1501 (v. st.), adressée à « magister Herveus Besinus, » et relative à la publication des éclaircissements sur Térence qu'il avait composés à Lyon et que devait publier le libraire Simon Vincent.

TABLE

AVERTISSEMENT VII

INSTRUCTIONS POUR LA RÉDACTION D'UN CATALOGUE
    DE MANUSCRITS 1

APPENDICE. — *Note sur le numérotage et le foliotage
    des manuscrits.* 46

INSTRUCTIONS POUR LA RÉDACTION D'UN INVENTAIRE
    DES INCUNABLES *conservés dans les Bibliothèques
    publiques de France*. 49

APPENDICE. — *Curiosités bibliographiques de la
    première moitié du* XVIe *siècle.* 93

THE KREISLER SALE

Following on the sale of the Cortland Bishop collection at the Kende Galleries (noticed in the issue of February 19), the Parke-Bernet Galleries in New York sold 174 books collected by the violinist Fritz Kreisler for a total of $120,372.50. This library, of course, had nothing like the importance of the Bishop collection, which contained the cream of what the French market had to offer in the earlier years of this century, and there were few, if any, sensational prices. It consisted almost entirely of specimens of the work of the great printers of the fifteenth century and of examples of early book-illustration, which the foreword to the catalogue described as being in " startlingly fine condition."

The collecting of incunables as such has never been a popular pastime for the amateur. With the exception of the great George Dunn library and of one other, still luckily in the process of formation in England, no example comes to mind of a great private collection of early printed books assembled in recent years with a view to showing the development of the art of printing. The field is probably too vast for one man. Yet the prices of fifteenth-century books have remained fairly stable for about twenty-five years. It is true that in the middle 'twenties, when Dr. Otto Vollbehr was making his two great collections, one of which was bought *en bloc* by the Library of Congress, there was a very sharp rise in prices, followed by a corresponding fall when his activities came to an end. From this sensational up-and-down movement incunables have never quite recovered, so that a comparison between the prices of 1926 and those of the last five years will show a much greater tendency to sweet reason now than then.

An examination in detail of some of the prices of the Kreisler sale suggests that if there is nothing approaching a slump in the United States market for early printed books, there was a marked absence of the excitement shown at the sales of Mr. Dyson Perrins's and the Baron Horace de Landau's libraries in London. Parenthetically, it is interesting to note that there were no Florentine woodcut books in the Kreisler collection, and English collectors can consider themselves fortunate to have had the opportunity of acquiring more of these most beautiful of all illustrated books during the last few years than ever in the lifetime of the present generation.

Here are some of the most interesting lots in the sale, with the prices realized :—

Landau sale). 19. Bessarion, *Adversus Platonis Calumniatorem*, Rome, Sweynheim & Pannartz, 1469 (with a fine illuminated border), $1,000. 35. Caesar, *De Bello Gallico*, Venice, Jenson, 1471, $1,700. 86. Josephus, *De Antiquitate Judaica*, Augsburg, Schussler, 1470, *editio princeps*, with twenty-one illuminated initial letters, $950, as against another copy of the same book, lot 87, which sold for $400). 156. Strabo, *Geographia*, Rome, Sweynheim & Pannartz, 1473 (this, though only the third edition, is very rare and there is no copy in the British Museum), $3,800.

Woodcut Books. 11. *Geistliche Auslegung des Leben Jesu Christi*, Ulm, circa 1478, $2,200. 17. Bergomensis, De *Claris Mulieribus*, Ferrara, 1497. This, described as a fine copy in an original binding, sold for the comparatively low price of $850. 23. Birgitta, *Revelationes*, Nuremberg, 1500, $400. (The same book sold for £280 in the Dyson Perrins sale). 25. *Biblia Pauperum*, 31 leaves from a Netherlandish block book. The catalogue does not give any bibliographical indications of what this book is. $3,400. 50. Colonna, *Hypnerotomachia*, Venice, 1499, in a binding by Pâdeloup, $1,450. (This seems cheap in comparison with $1,600 given for the first French translation of 1546, lot 51.) 60. Dürer, *Von Menschlicher Proportion*, Nuremberg, 1528, $1,000. 88. Josephus, *De la Bataille Judaique*, Paris, Vérard, 1492, $1,900. 99. Mandeville, *Reysen durch das Gelobte Land*, Augsburg, 1481, $975. (The 1483 edition of this book, with the same woodcuts, realized £650 in the Landau sale.) 117. Monstrelet, *Chronique*, Paris, Vérard, 1503, 2 volumes, in an elaborate binding by Lortic, printed on vellum, with full-page miniatures, $3,500. (These volumes, perhaps the most important of the sale, were formerly in the collection of the bookseller Karl W. Hiersemann, of Leipzig.) 127. Nitzchewitz, *Psalterium*, Zinna, Press of the Cistercian Monastery, circa 1486. This very rare woodcut book fetched the low price of $1,250. 138. Ptolemy, *Cosmographia*, Ulm, 1482, $2,400. 155. Stephan Pater, *Schatzbehalter*, Nuremberg, 1491. The price paid for this most famous of early German woodcut books, $1,200, seems low in comparison with the Dyson Perrins copy at £680. 165. *Theuerdank*, printed on vellum, Nuremberg, 1517. $2,000.

A number of manuscripts were included in the sale. Unquestionably the most interesting was an unknown fifteenth

Librairie Ancienne Honoré CHAMPION, Éditeur
5, Quai Malaquais, PARIS

REVUE DES BIBLIOTHÈQUES
(19ᵉ année)

RECUEIL MENSUEL

DIRIGÉ PAR

MM. CHATELAIN, membre de l'Institut, conservateur de la Bibliothèque de l'Université de Paris, et L. DOREZ, de la Bibliothèque Nationale. SECRÉTAIRE : A. BOINET, de la Bibliothèque Sainte-Geneviève.

Paris, **15** fr. — Départements et Union postale, **17** fr.
Collection complète, 19 volumes, **265** fr.

Tous les mois :
ARTICLES DE FONDS traitant des sujets de bibliographie, d'imprimés ou de manuscrits et de questions professionnelles concernant les bibliothèques ou les archives.
CHRONIQUE intéressant le mouvement bibliographique dans le monde.
BIBLIOGRAPHIE de tout ce qui concerne les bibliothèques.
Des feuilles d'ouvrages spéciaux sont jointes à la *Revue* qui publie aussi des suppléments importants dont l'étendue ne permettrait pas l'impression dans la *Revue*.

En préparation :

Table des XX premières années de la Revue des Bibliothèques

REVUE DES BIBLIOTHÈQUES — SUPPLÉMENT I

GALLIA TYPOGRAPHICA
OU
RÉPERTOIRE BIOGRAPHIQUE ET CHRONOLOGIQUE
De tous les imprimeurs de France

DEPUIS LES ORIGINES DE L'IMPRIMERIE JUSQU'A LA RÉVOLUTION

Par **Georges LEPREUX**

Tome I. — FLANDRE, ARTOIS, PICARDIE. Fort vol. in-8° de 316 pages : **10** fr.
Pour les abonnés à la *Revue des Bibliothèques* : **7** fr. **50** net.
Sous presse : Tome II. — PARIS ET L'ILE DE FRANCE I. *Livre d'or des imprimeurs du Roi.*

Librairie Ancienne Honoré CHAMPION, Éditeur
5, *Quai Malaquais*, PARIS

BULLETIN MENSUEL

DES

RÉCENTES PUBLICATIONS FRANÇAISES

Bibliothèque Nationale

Nouvelle série méthodique

Abonnement : **10 fr.** ; U. P. : **12 fr.**

Exemplaires imprimés d'un seul côté sur papier pelure destinés à être collés sur fiches : **15 fr.**

Ce recueil qui enregistre mensuellement le dépôt légal de l'imprimerie française contient également le titre des nombreux ouvrages entrés chaque mois à la Bibliothèque Nationale par dons, dans la mesure où ces ouvrages viennent compléter le dépôt légal.

Le Bulletin se trouve ainsi être **la bibliographie française la plus complète.**

Il a été tiré à l'usage des bibliothèques des **exemplaires sur papier pelure** dont les notices découpées peuvent être utilisées pour les commandes en libraires et ensuite pour les divers catalogues.

Le prix de l'abonnement à cette édition est de **15 fr.**

Les douze fascicules mensuels sont complétés par une **double table annuelle,** l'une des noms des auteurs, éditeurs et traducteurs, l'autre des mots typiques caractérisant spécialement le sujet traité dans chacun des ouvrages mentionnés.

Grâce à ces tables, les volumes annuels du Bulletin constitueront des instruments de recherches bibliographiques permettant de retrouver, à partir de 1909, les ouvrages publiés en France sur les sujets les plus particuliers.

Librairie Ancienne Honoré CHAMPION, Éditeur
5, Quai Malaquais, PARIS

Viennent de paraître :

Edmond FARAL

LES JONGLEURS EN FRANCE AU MOYEN AGE

In-8° de xi-339 pages . . . . **7 fr. 50**

MIMES FRANÇAIS DU MOYEN AGE

Contribution à l'histoire du théâtre comique au moyen âge. In-8°. **5 fr.**

Augustin COCHIN, *archiviste paléographe*
LA CRISE DE L'HISTOIRE RÉVOLUTIONNAIRE

TAINE et M. AULARD

DEUXIÈME ÉDITION, REVUE

Volume in-8° . . . . **2 fr. 50**

E. GÉRARD-GAILLY
Un Académicien grand seigneur et libertin au XVIIᵉ siècle

BUSSY-RABUTIN

SA VIE, SES ŒUVRES ET SES AMIES

In-8° de xiii-427 pages . . . . **6 fr.**
Couronné par l'Académie française

A. LE BRAZ

AU PAYS D'EXIL DE CHATEAUBRIAND

1909. Beau volume in-12 . . . . **3 fr. 50**

Pierre DE NOLHAC

PÉTRARQUE ET L'HUMANISME

1907. 2 volumes in-8° . . . . **20 fr.**

Nouvelle édition, remaniée et augmentée, avec un portrait inédit de Pétrarque et des fac-similés de ses manuscrits.

« ... L'intelligence avec laquelle M. de Nolhac a conduit son enquête, ayant toujours en vue le développement intellectuel de Pétrarque et son action littéraire sur ses contemporains, donne à son livre une portée supérieure. Aussi a-t-il été classé aussitôt parmi les meilleurs livres que nous avons sur les débuts de l'humanisme. Une nouvelle édition était devenue nécessaire : elle donnera toute satisfaction. Il a été tenu compte de tous les travaux publiés sur Pétrarque depuis 1892 ; la rédaction a été modifiée en maints endroits ; un chapitre (le IXᵉ, *Les Pères de l'Eglise et les auteurs modernes chez Pétrarque*), et divers excursus ont été ajoutés. La nouvelle édition aura le même succès que la première. »   Paul MEYER, *Romania*, janvier 1908.

« ... L'ouvrage, excellent déjà, a gagné à la fois comme œuvre d'art et comme œuvre de science. »   P. LEJAY, *Revue critique*, n° 6, 1908.

Librairie Ancienne Honoré CHAMPION, Éditeur
5, Quai Malaquais, PARIS

Les Classiques français du moyen âge

Collection de textes français et provençaux antérieurs à 1500

Publiés sous la direction de **Mario ROQUES**

Cette collection de textes critiques, rigoureusement établis, munis de variantes essentielles et accompagnés de courtes introductions et de glossaires de mots rares, est appelée à rendre aux romanistes les mêmes services qu'a rendus aux philologues classiques la *Bibliothèque Teubner*. A l'exactitude scientifique, à l'élégance de la forme, elle unira la modicité du prix ; enfin la publication sera assez rapide pour que d'ici à peu d'années cette collection puisse constituer une véritable bibliothèque française médiévale.

De novembre 1910 à la fin de 1911 dix volumes au moins seront mis en vente ; paraîtront tout d'abord :

La Chastelaine de Vergi	édité par Gaston RAYNAUD.
Villon, *Œuvres*	— Auguste LONGNON.
Le Garçon et l'Aveugle	— Mario ROQUES.
Courtois d'Arras	— Edmond FARAL.
Philippe de Novare, *Mémoires*	— Charles KOHLER.
Le Jeu de la Feuillée	— Ernest LANGLOIS.
Colin Muset, *Chansons*	— Joseph BÉDIER.
Aucassin et Nicolette	— Mario ROQUES.
Le Coronement Loois	— Ernest LANGLOIS.

Le prix approximatif de chaque volume de cette collection variera de 1 à 3 francs, suivant l'importance du volume

COLLECTION
DES
CLASSIQUES CASTILLANS

Chaque volume de 300 à 400 pages in-8°, broché . . . . 3 fr.
Reliure espagnole en peau, **5** fr. ; en toile, **4** fr.

Œuvres parues :

SANTA TERESA. Tomo I. LAS MORADAS

TIRSO DE MOLINA. Tomo I. TEATRO

Sous presse :

QUEVEDO. OBRAS. Tomo I

Vida de **TORRES VILLARROEL**

GARCILASO. POESIAS

www.ingramcontent.com/pod-product-compliance
Lightning Source LLC
Chambersburg PA
CBHW070245100426
42743CB00011B/2138